세련되고 멋스러운

니트 손뜨개

북디자인 MARTY inc.(Minako Goto)

촬영 Yukico Fujioka

스타일링 Kaori Kawakami

헤어 & 메이크업 Yoshikazu Miyamoto

모델 Kaori Yuzawa

제작 협력 Kumiko Asano Yuko Iijima Kyoko Kusaba Setsuko Shimoda Emiko Nonami

트레이스 Saori Yonetani(p42~76) day studio Satomi Dairaku

교열 Masako Mukai

편집 Sayako Misumi(Little Bird)

　　Norie Hirai(BUNKA PUBLISHING BUREAU)

발행인 Sunao Onuma

이 책의 작품은 하마나카 손뜨개실, 리치모어 손뜨개실,
하마나카 아미아미 손뜨개 바늘을 사용하고 있다.

하마나카

하마나카 리치모어 판매처

홈페이지 http://www.hamanaka.co.jp   **e-mail** iweb@hamanaka.co.jp

세련되고 멋스러운

니트 손뜨개

michiyo 지음 | 황선영 옮김

이아소

세련되고 멋스러운

니트 손뜨개

초판 1쇄 인쇄 2012년 12월 15일
초판 2쇄 발행 2015년 12월 15일

지은이 michiyo
옮긴이 황선영
펴낸이 명혜정
펴낸곳 도서출판 이아소

북디자인 나무디자인 정계수

등록번호 제311-2004-00014호
등록일자 2004년 4월 22일
주소 121-841 서울시 마포구 서교동 487 대우미래사랑 1012호
전화 (02)337-0446 **팩스** (02)337-0402

책값은 뒤표지에 있습니다.
ISBN 978-89-92131-68-1 13590

도서출판 이아소는 독자 여러분의 의견을 소중하게 생각합니다.
E-mail: iasobook@gmail.com

털실의 포근함을 맘껏 즐길 수 있는 겨울의 문턱에서
가슴 설레며 뜬 니트입니다.

전통적인 방법을 이용한 기본적인 니트부터
색다른 느낌으로 변화를 준 니트까지
샘솟는 상상력과 창작열로 만들어보았습니다.

직선 패턴이나 모양이 같은 패턴.
이런 모양을 생각하고 떴는데 입어보면 어떨까?
이 니트는 뜨는 것만으로도 기분이 좋아지네!
의외로 간단하게 떠지는데?
돌려서 입으니까 너무 귀여워!

뜨개질을 하는 동안 새로운 발견을 거듭하며
정말로 즐거운 시간을 가졌습니다.

여러분도 저와 함께 뜨고, 입고, 좋아해주셨으면 좋겠습니다.

michiyo

CONTENTS

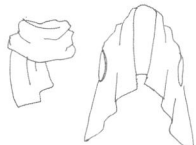

A

너울너울 튀어나온 질감을 살리고 싶어서
충분한 여유를 주어 만든 판초풍의 풀오버.
걸을 때마다 소매가 흔들리는 멋스러운 디자인이다.
복잡해 보이지만 콧수를 늘리거나 줄이지 않고
네모지게 떠서 완성한다.

see page **42**

B

등 중심선에서 기초 코를 만들어 똑바로 떠 올라가는 패턴의 카디건.
위아래를 돌려 입으면 무늬의 방향과 옷의 길이가 살짝 변하는 것이 매력 포인트.
짧은 쪽은 옷의 앞길에 주름이 잡히는 숄 스타일로,
긴 쪽은 옷 앞섶을 칼라처럼 접어 재킷으로 입을 수 있다.

see page 44

C

기분 좋은 감촉의 오가닉 울 레깅스.

복잡하고 까다로운 기법은 제외하고 간단한 고무뜨기와 메리야스뜨기로 완성한 디자인이다.

밑위를 깊게 파준 디자인이지만 얕게 파서 입어도 엉덩이에 여유가 생겨 귀여운 느낌을 준다.

겨울철 보온용으로 겹쳐 입을 때도 꼭 필요한 필수 아이템.

see page **46**

D

기하학적 무늬로 시선을 사로잡을 수 있는 스톨이 필요해 디자인을 생각하다가
미끄럼코(걸러뜨기) 기법을 이용한 이런저런 무늬가 만들어졌다.
다양한 스타일에 코디하기 쉬워
여러 모로 쓸모가 있는 스톨이다.

see page 47

E

입는 방법에 따라 분위기가 확 달라지는 배색뜨기 베스트.
산뜻한 색조의 잎사귀 무늬가 먼저 눈에 들어오고,
편물의 조직이 가로도 되고 세로도 되는 베스트가 완성되었다.
편물을 잇거나 꿰매는 작업 없이 코줍기를 하면서 단숨에 떠올라간다.

see page **48**

F

나염한 극태사로 뜬 투박한 느낌의 카디건.
큰 소매 부분을 4장 떠서 꿰매어 잇고
칼라, 밑단, 앞단을 연결해서 뜨면 완성.
복잡한 색의 그라데이션과 돌먼 소매가 매력적이다.

see page 50

G

트위드실로 뜬 레트로(복고풍)한 분위기의 레그워머.
네모지게 평면으로 떠서 단추를 달면 완성!
단추를 이용해서 사이즈를 조절할 수 있기 때문에
여유 있게 떠서 부츠나 데님 위에 코디해도 멋지다.
바구니에 담긴 라이트그린은 색만 다른 것.

see page 51

H

낙낙한 소매의 풀오버를 생각하고 뜬다는 것이
소매와 몸판의 도안이 같아져 버렸다.
똑같은 것을 4장 떠서 연결하고 네크라인을 뜨면 완성된다.
소매는 접어 올려 7부 소매가 되도록 했다.

see page **52**

I

발끝부터 시작하는 코바늘뜨기 양말.
끌어올려뜨기 기법을 결합시킨 것으로 신축성이 있다.
겨울철 털실로 얼마든지 뜰 수 있는 데다 의외로 빨리 떠진다.

see page **53**

J

초극태사로 박력 있는 아란무늬가 가로로 향하도록 한 판초.
되돌려뜨기를 하면서, 본판과 칼라 그리고 단춧구멍을 연결해서 뜨기 때문에
잇거나 꿰매는 마무리 공정이 없다.
어떤 옷에나 매치하기 쉬워 한 장 갖고 있으면 요긴하게 쓰이는 아이템이다.

see page **54**

K

코바늘로 뜬 와플처럼 생긴 편물은 신축성이 있어서
어깨를 꼭 맞게 하여 실루엣을 강조한 케이프로 만들었다.
목 부분에 풍성한 주름이 잡히도록 올려 입어 넉넉한 사이즈의 넥워머로도 이용
이 가능하다. 실이 굵고 부드러워 뜨기가 쉽다.

see page 55

L

밝은 베이지 톤에 순록과 트리 무늬가 돋보이는 롱 베스트.

꼬임 없는 '로빙 얀'으로 떴기 때문에 카우친 스타일의 느낌이 난다.

실이 굵고 소매가 없어서 배색뜨기 초보자도 도전해 볼 만하다.

*로빙 얀 - 색깔 있는 양모를 엉성하게 꼰 극대모사.
*카우친 - 캐나다의 전통 스웨터

see page 56

22

M

'제대로 투박하고, 악센트가 강한 가방을 갖고 싶다'라는 생각으로 디자인했더니,
둥글둥글한 모양과 볼륨감 있는 손잡이가
수공예품 맛을 물씬 풍긴다.

see page **62** (백) **09,42** (풀오버)

N

레글런 라인에 아란무늬를 떠서 넣었더니
눈에 잘 띄지 않는 심플한 카디건이 완성되었다.
목둘레를 앞뒤가 같도록 만들어서
어느 쪽을 앞으로 해서 입어도 무방하다.

see page **58** (카디건) **39,76** (미니스톨)

O

도안을 보고 놀라지 마시길…
독특한 모양의 편물을 한 장 떠서 이으니 투웨이 카디건이 되었다.
그라데이션의 부드러운 감촉이
심플한 편물에서도 이렇게 귀엽게 느껴진다.

see page **60**

P

평범한 머플러에 칼라를 달고,
시작 부분에 루프를 만들어보았다.
루프에 끼워 넣지 않고 어깨에 그냥 걸치면
숄처럼 다른 느낌이 가능하다.

see page **63**

28

Q

코바늘로 네모지게 떠서, 양쪽을 꽉 오므린 뒤
벨트와 챙을 뜨면 완성.
간단히 설명하고 있는데, 진짜 간단하다.
이렇게 단순한 설명도 한 번 해보고 싶어서 만들게 된 작품이다.
모양도 귀엽게 완성된 듯하다.

see page **66**

R

동유럽의 이미지를 배색한 무늬뜨기의 튜닉.
배색뜨기한 부분은 적지만 효과적인 포인트 역할을 하고 있다.
전환되는 위치에서 콧수 늘리기를 하는 것 외에는
전부 직선의 메리야스뜨기를 하면 된다.

see page **64**

30

S

봉제인형을 손에 감싸고 있는 것 같은 인조털의 암워머.
실이 푹신푹신해서 뜨고 있는 것만으로도 기분이 좋아진다.
매니시한 코디에 꼭 활용해보시길.

see page 67

T

폭신한 실로 술술 떠올라간 볼륨감 있는 스누드.
스누드로만 활용하기 아까워서
단춧구멍을 만들고 단추를 달았더니 볼레로가 만들어졌다.

see page **68**

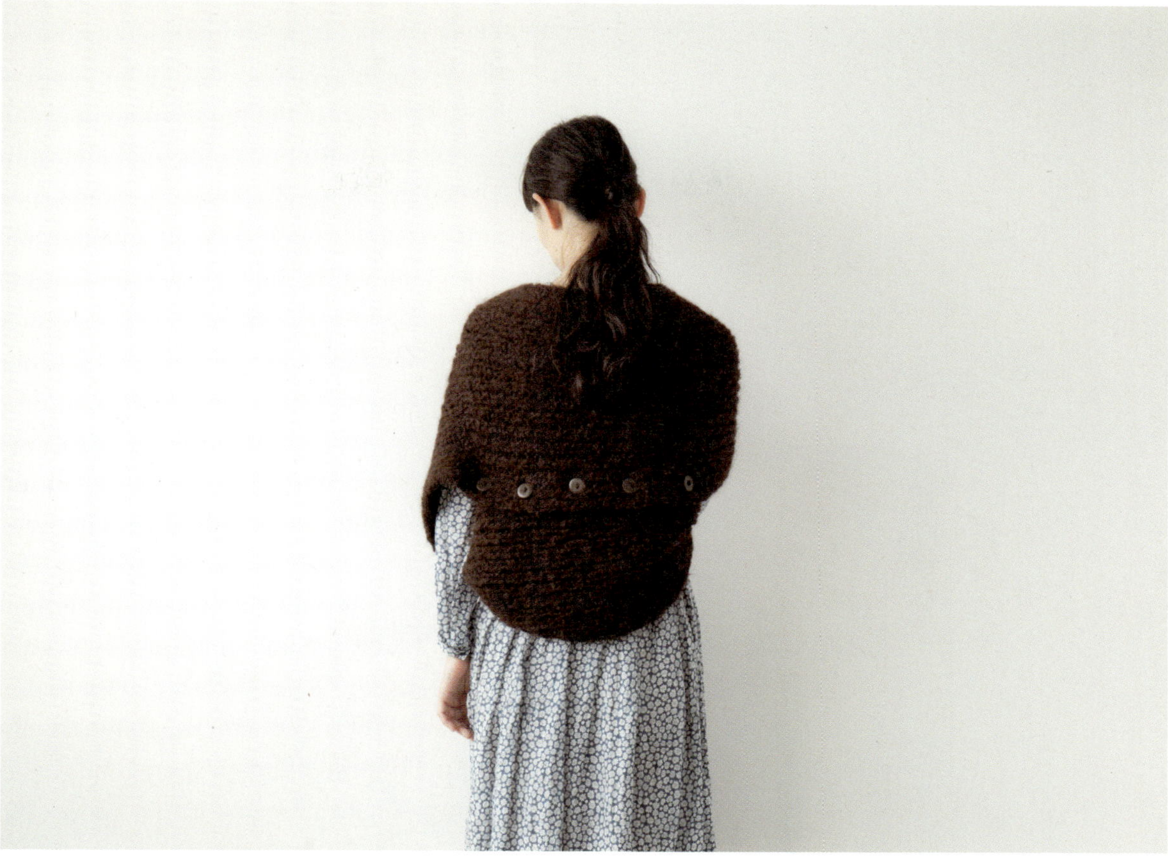

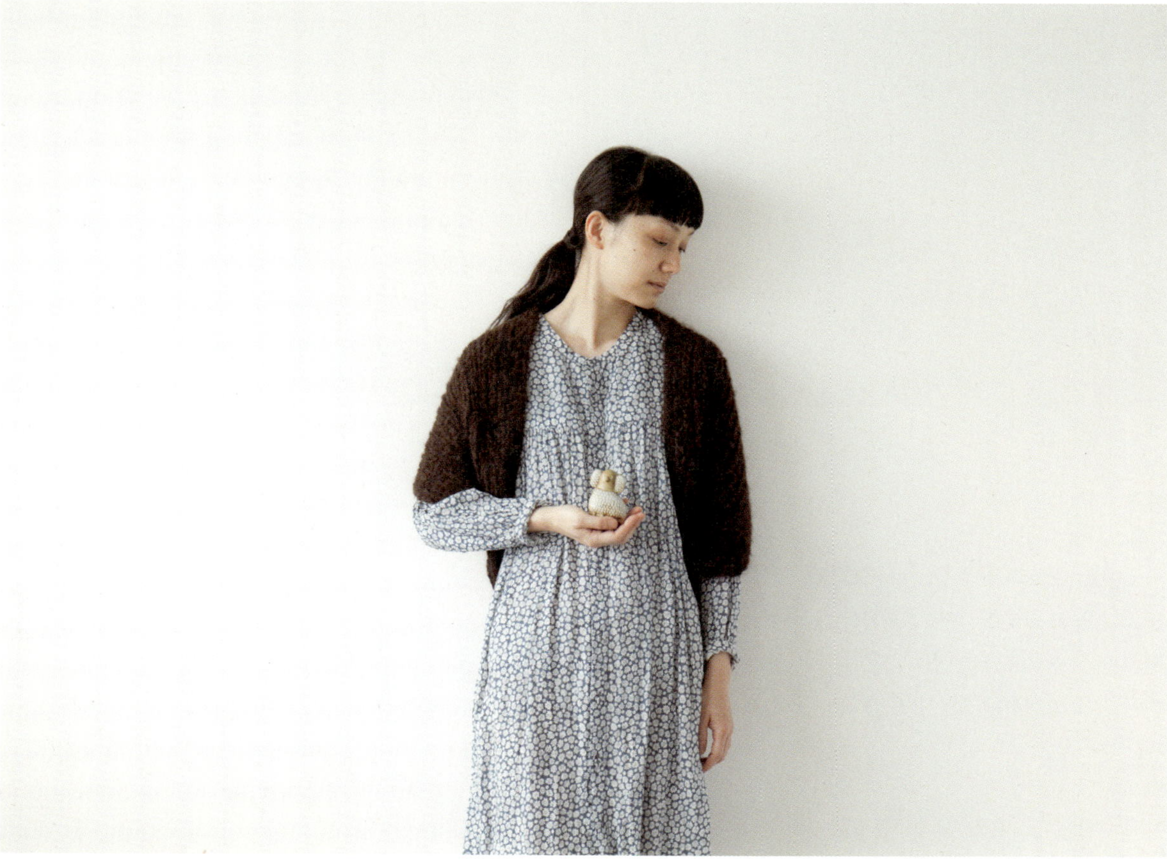

U

나염한 극태사로 둥글게 술술 떠가는 간단한 백.

색채감 있는 실로 짧은뜨기한 백이 욕심나서

여러 가지 색으로 만들어보았다.

같은 색의 보더무늬(줄무늬)가 생기는 것이 재미있어서 단박에 떠버렸다.

see page **69**

V

교차무늬를 전체적으로 넣은 니트 코트.
리넨이 섞인 로빙 얀의 실을 이용해 편안하면서도 성숙한 느낌이 들도록 만들었다.
넉넉한 사이즈의 후드에 털을 달아서 약간 여성스럽게 완성했다.

see page **70**

코바늘로 뜬 아란무늬.

늘 만들고 싶었던 것인데 사이즈가 커져 버렸다.

코바늘뜨기는 무겁게 느껴질 수 있으므로 가는 실을 굵은 바늘로 떠야 한다.

모양은 심플해 보이지만 완성해 놓으면 입체적인 무늬가 사람을 매료시킨다.

see page 74 (스톨 & 베스트) **19,53** (양말)

X

사각의 색다른 볼레로를 만들고 싶어서 뜨게 된 작품이다.
네모지게 뜬 후 소맷부리를 막아서 완성하는데,
여기에는 대바늘뜨기가 적합할 듯하다.

see page **73** (볼레로) **12,46** (레깅스)

Y

실 한 타래로 가능한 코바늘뜨기의 미니스톨.
무늬 한 개부터 뜨기 시작해서 점점 늘려간다.
마지막에 루프를 만들고 마무리하면 뒷손질이 필요 없다.
실이 가늘고 섬세해서 무늬가 도드라져 보인다.

see page 76

Z

30페이지에 실린 튜닉을 응용해서 만든 작품이다.
이번에는 배색을 서유럽 이미지로 해보았다.
직선의 메리야스뜨기 부분에 단수 변화를 주어
소매는 짧게, 길이는 더 길게 조정했다.

see page **64**

HOW TO MAKE

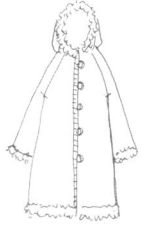

이 책에서 사용한 실

■ 엑시드울 FL
굵기: 합태사
품질: 울 100%(엑스트라파인메리노 사용)
제품구성: 40g(약 120m)

■ 엑시드울 L
굵기: 병태사
품질: 울 100%(엑스트라파인메리노 사용)
제품구성: 40g(약 80m)

■ 엑스트라 파인
굵기: 병태사
품질: 울 100%(엑스트라파인메리노 사용)
제품구성: 40g(약 114m)

■ 오가닉울 미드필드
굵기: 병태사
품질: 울 100%(오가닉울 사용)
제품구성: 40g(약 80m)

■ 오브코시 빅
굵기: 초극태사
품질: 아크릴 50%, 울 30%, 알파카 20%
제품구성: 50g(약 44m)

■ 쿠시(루프 얀)
굵기: 병태사
품질: 아크릴 76%, 나일론 13%, 울 11%
제품구성: 40g(약 110m)

■ 그랜드에토프
굵기: 초극태사
품질: 알파카 73%, 울 24%, 나이론 3%
제품구성: 40g(약 48m)

■ 소노모노
굵기: 합태사
품질: 울 100%
제품구성: 40g(약 120m)

■ 소노모노 알파카울
굵기: 극태사
품질: 울 60% 알파카 40%
제품구성: 40g(약 60m)

■ 소노모노 알파카울
굵기: 병태사
품질: 울 60%, 알파카 40%
제품구성: 40g(약 92m)

■ 소노모노 수리 알파카
굵기: 중세사
품질: 알파카 100%(수리알파카 사용)
제품구성: 25g(약 90m)

■ 소노모노 로빙
굵기: 극태사
품질: 알파카 40%, 울 30%, 라미 20%, 리넨 10%
제품구성: 40g(약 64m)

■ 소프티트위드
굵기: 병태사
품질: 울 80%, 알파카 20%
제품구성: 40g(약 95m)

■ 타블로(tableau) ※
굵기: 극태사
품질: 울 100%
제품구성: 50g(약 60m)

■ 토네이도 ※
굵기: 초극태사
품질: 울 100%
제품구성: 50g(약 50m)

■ 노르디카
굵기; 병태사
품질: 아크릴 53%, 울 47%
제품구성: 40g(약 116m)

■ 바스크
굵기: 초극태사
품질: 울 100%
제품구성 :50g(약 45m)

■ 퍼리시
굵기: 극태사
품질: 나일론 100%
제품구성: 40g(약 60m)

■ 맨즈클럽 마스타
굵기: 극태사
품질: 울 60%(방축가공 울 사용) 아크릴 40%
제품구성: 50g(약 75m)

※표 이외에는 하마나카 제품, ※표는 리치모어 제품
털실에 관한 문의는 84페이지를 참조해 주세요.
상품 정보는 2011년 8월 현재를 기준으로 한 것입니다.

A 풀오버 | page 09 |

실: 합태사 원사 600g(하마나카 소노모노 1번)
용구: 코바늘 4/0호
게이지: 무늬뜨기 A 1무늬 2.3cm, 9.5단 10cm
사이즈: 가슴 폭 90cm, 밑단 폭 39cm, 옷 길이 54.5cm

뜨는 방법: 실은 1가닥으로 뜬다. 앞판, 뒤판은 각각 사슬뜨기로 274코의 시작코를 만들어 무늬뜨기 A로 뜨는데, 뒤는 증감 없이 뜨고 앞은 목둘레를 그림과 같이 뜬다. 앞뒤 몸판을 겉끼리 마주보게 겹쳐놓고, 어깨를 사슬 잇기로 연결한다. 밑단은 뒤쪽 몸판의 지정된 시작코 위치에서 코를 주워 원형으로 14단을 무늬뜨기 B로 뜬다.

뒤판

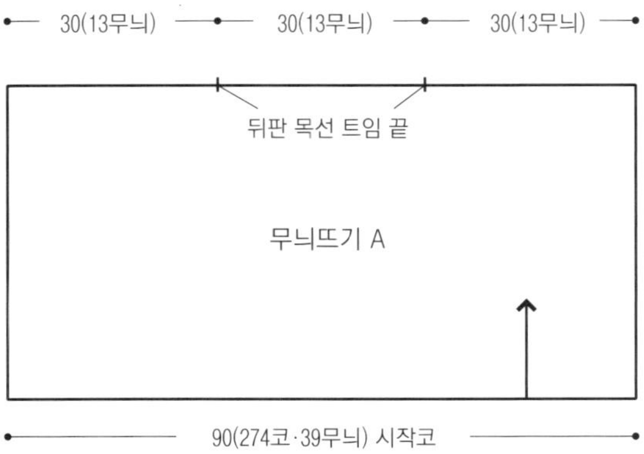

◄— 30(13무늬) —►◄— 30(13무늬) —►◄— 30(13무늬) —►

뒤판 목선 트임 끝

무늬뜨기 A

45
(43단)

◄——— 90(274코·39무늬) 시작코 ———►

앞판

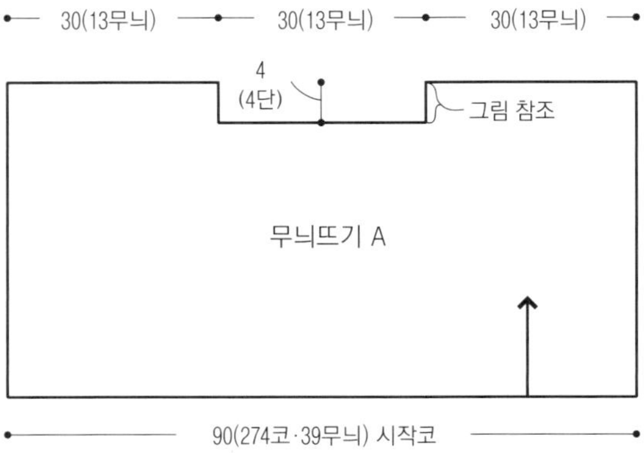

◄— 30(13무늬) —►◄— 30(13무늬) —►◄— 30(13무늬) —►

4
(4단)

그림 참조

무늬뜨기 A

◄——— 90(274코·39무늬) 시작코 ———►

겉끼리 마주보게 겹쳐놓고
사슬 잇기

앞판

(11무늬)

앞판·뒤판에서
(34무늬) 줍기

(11무늬)

☆의 코를
앞뒤 맞추어
감침질하기

밑단 무늬뜨기 B

9.5
(14단)

◄——— 39 ———►

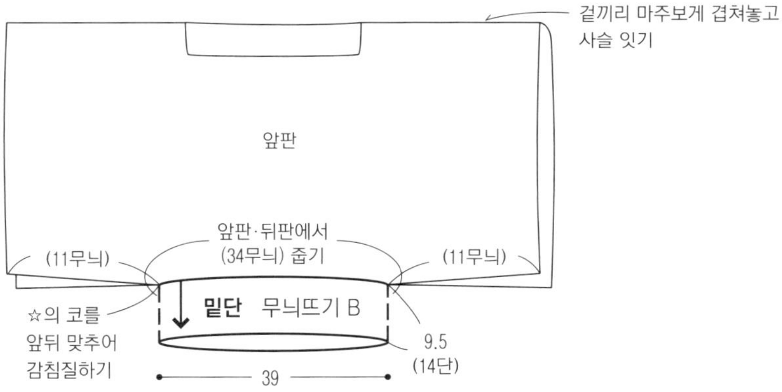

무늬뜨기 A의 기호도

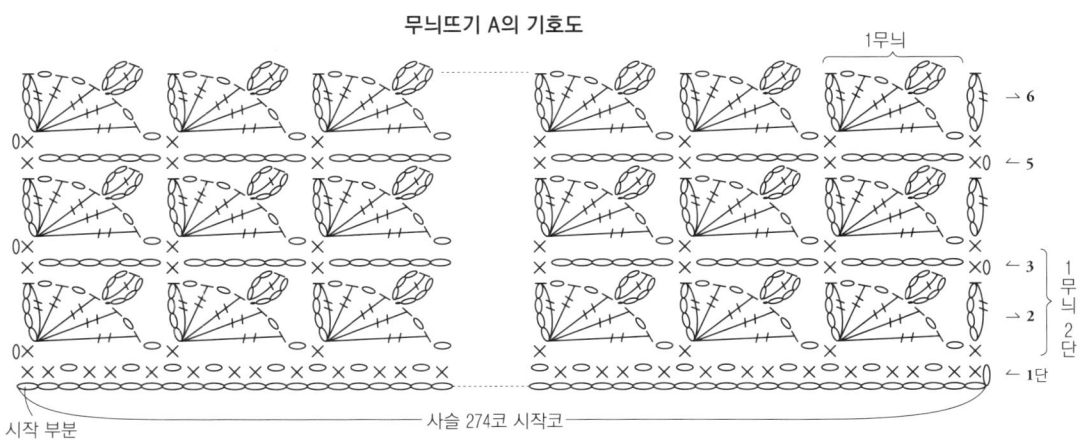

1무늬

→ 6

×0 ← 5

→ 3   1무늬 2단

→ 2

← 1단

시작 부분

◄——— 사슬 274코 시작코 ———►

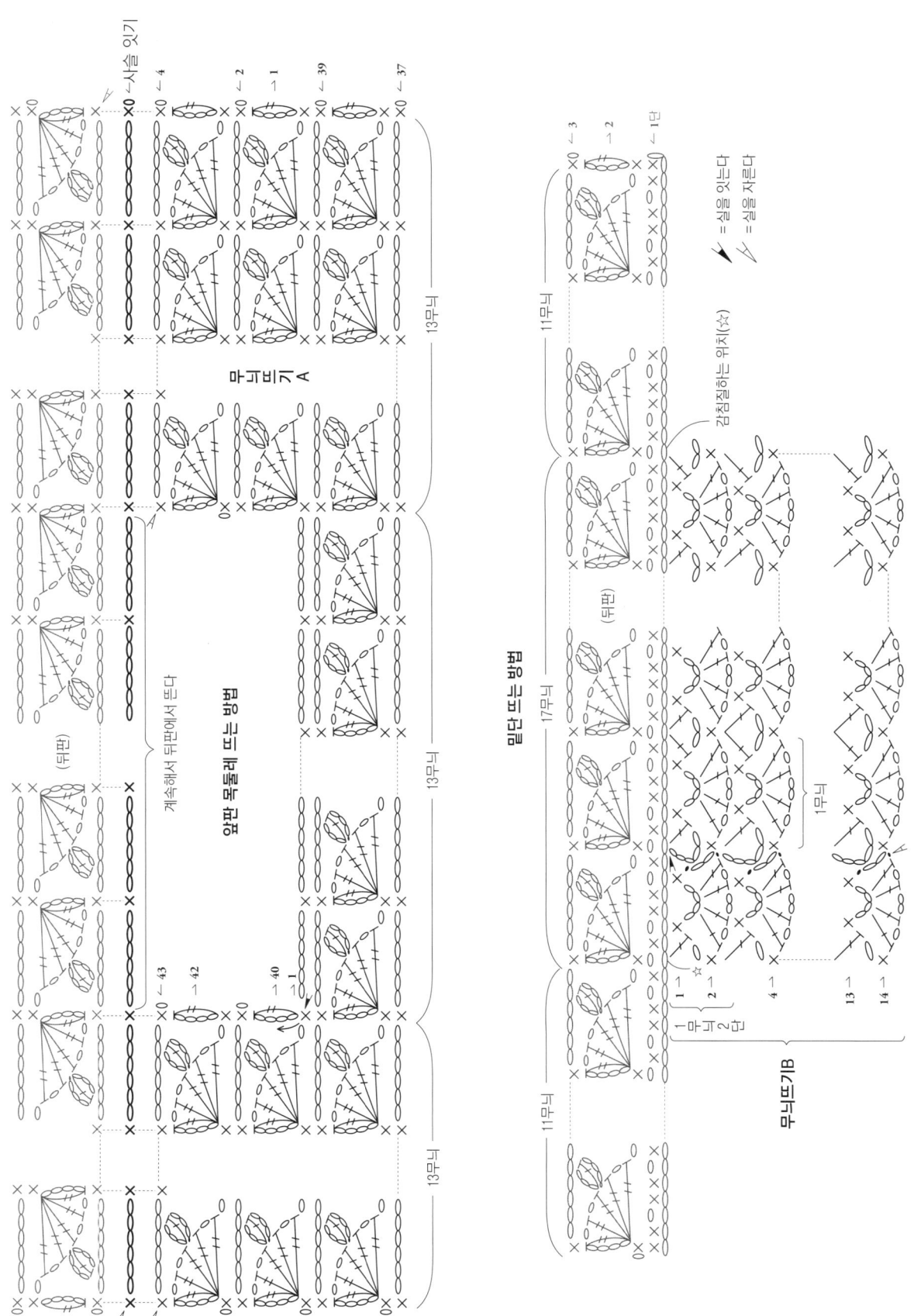

무늬뜨기 A

앞판 목둘레 뜨는 방법

계속해서 뒤면에서 뜬다

(뒤면)

13무늬

13무늬

13무늬

사슬 잇기

×0
×0 ←4
←2
←1
←39
←37

43 →
A
A

←43
←42
←40
←1
←1

밑단 뜨는 방법

11무늬

11무늬

17무늬

(뒤면)

감침질하는 위치(☆)

1무늬

×0 ←3
←2
←1단

= 실을 잇는다
= 실을 자른다

1
☆
1
2
1
4
13 →
14 →

1무늬
2단

무늬뜨기 B

B 투웨이 카디건 |page 10|

실: 합태사 카켈색 600g(하마나카 엑시드울 FL 204번)
용구: 코바늘 6/0호
게이지: 무늬뜨기 1무늬 2.5cm, 13단 10cm
사이즈: 가슴폭 43.5cm

뜨는 방법: 실은 1가닥으로 뜬다. A는 사슬뜨기로 121코의 시작코를 만들어 무늬뜨기로 뜨고 실을 자른다. B는 A의 시작코에서 코를 주워 같은 모양으로 뜬다. 계속해서 C를 B, A의 코와 단에서 코를 주워, 진동둘레를 만들면서 뜬다. 소매는 진동둘레에서 코를 주워, 무늬뜨기를 원형으로 왕복하며 뜬다.

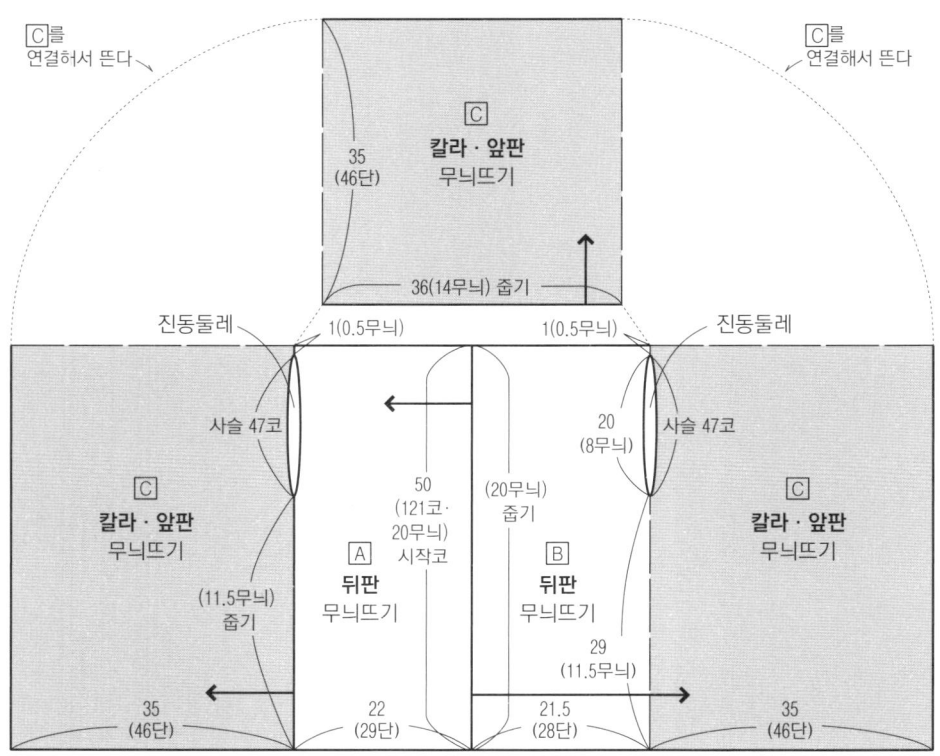

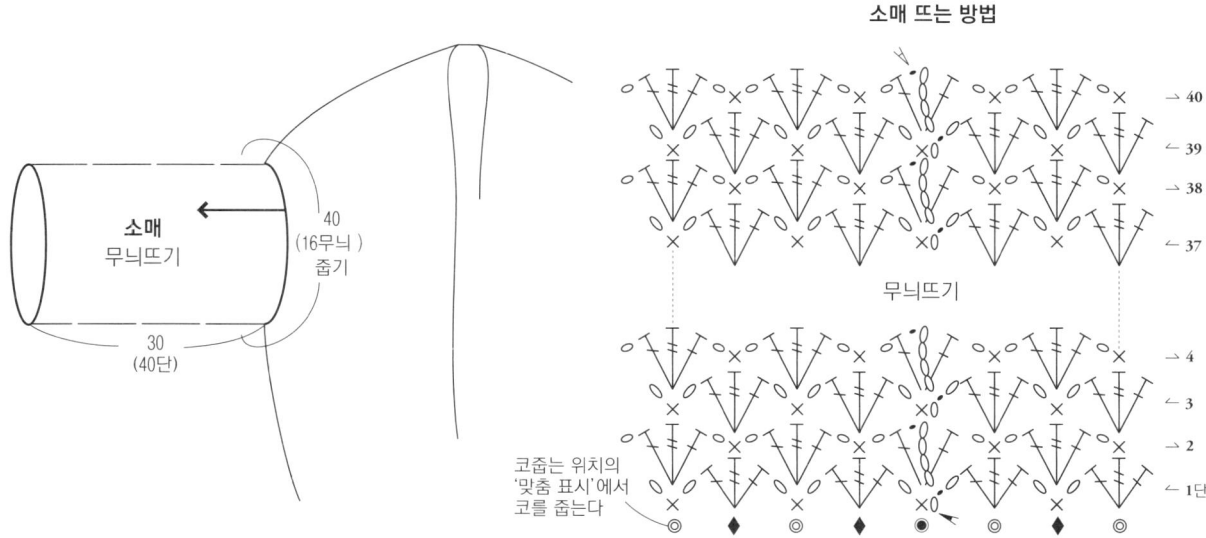

소매 뜨는 방법

무늬뜨기

코줍는 위치의 '맞춤 표시'에서 코를 줍는다

→ 40
← 39
→ 38
← 37

→ 4
← 3
→ 2
← 1단

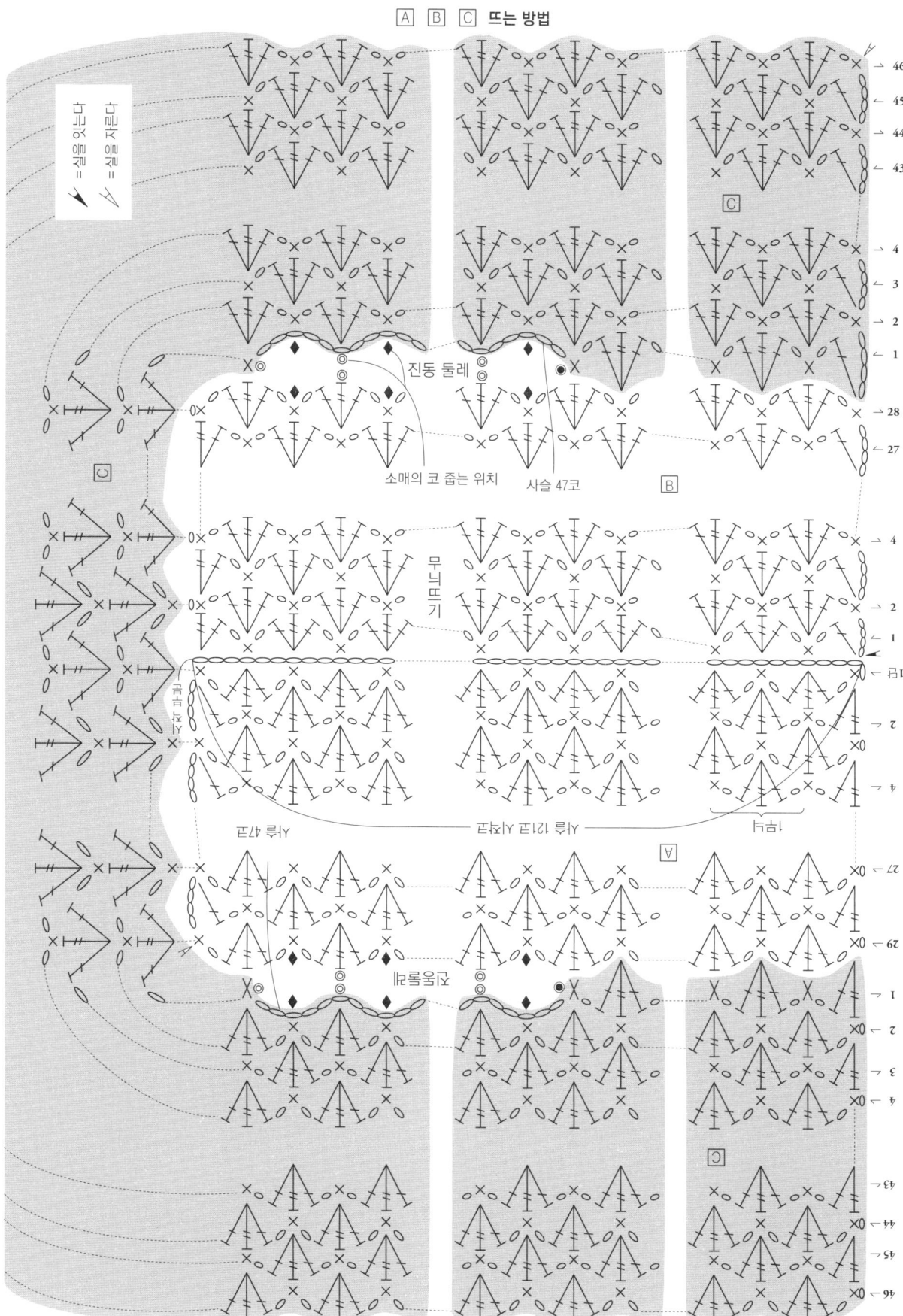

A B C 뜨는 방법

= 실을 잇는다
= 실을 자른다

C

→ 46
→ 45
→ 44
→ 43

→ 4
→ 3
→ 2
→ 1

→ 28
→ 27

진동 둘레

소매의 코 줍는 위치

사슬 47코

B

무늬뜨기

→ 4

→ 2
→ 1

1단

→ 2

→ 4

사슬 47코

사슬 12코 자처감

남녀

A

27 ←0X

29 ←0X

진동둘레

→ 1
→ 2 ×0
→ 3
→ 4 ×0

C

43 ←
44 ←0X
45 ←
46 ←0X

45

C 레깅스 |page 12|

실 : 병태사 갈색 390g(하마나카 오가닉울 미드필드 108번)
용구 : 막대바늘 9호 2개
부속재료 : 고무테이프 폭 1.3cm 길이 70cm
게이지 : 메리야스뜨기 18.5코 24단 10㎠
사이즈 : 힙 90cm, 밑위길이 35cm, 바지 길이 77cm

뜨는 방법 : 실은 1가닥으로 뜬다. 바지 왼쪽은 손가락에 실을 거는 방법으로 74코의 시작코를 만들어 2코 고무뜨기로 30단을 증감 없이 뜬다. 계속해서 메리야스뜨기로 콧수를 증감하면서 뜨다가, 79단째는 안뜨기로 뜬다. 마지막은 덮어씌우기로 코막음한다. 좌우 밑위를 앞판과 뒤판끼리 떠서 꿰매기로 연결한다. 평고무테이프를 68cm의 원형이 되도록 꿰매어 붙여둔다. 끝 부분을 안쪽으로 접어 고무테이프를 끼운 뒤 80단째에서 감침질을 한다.

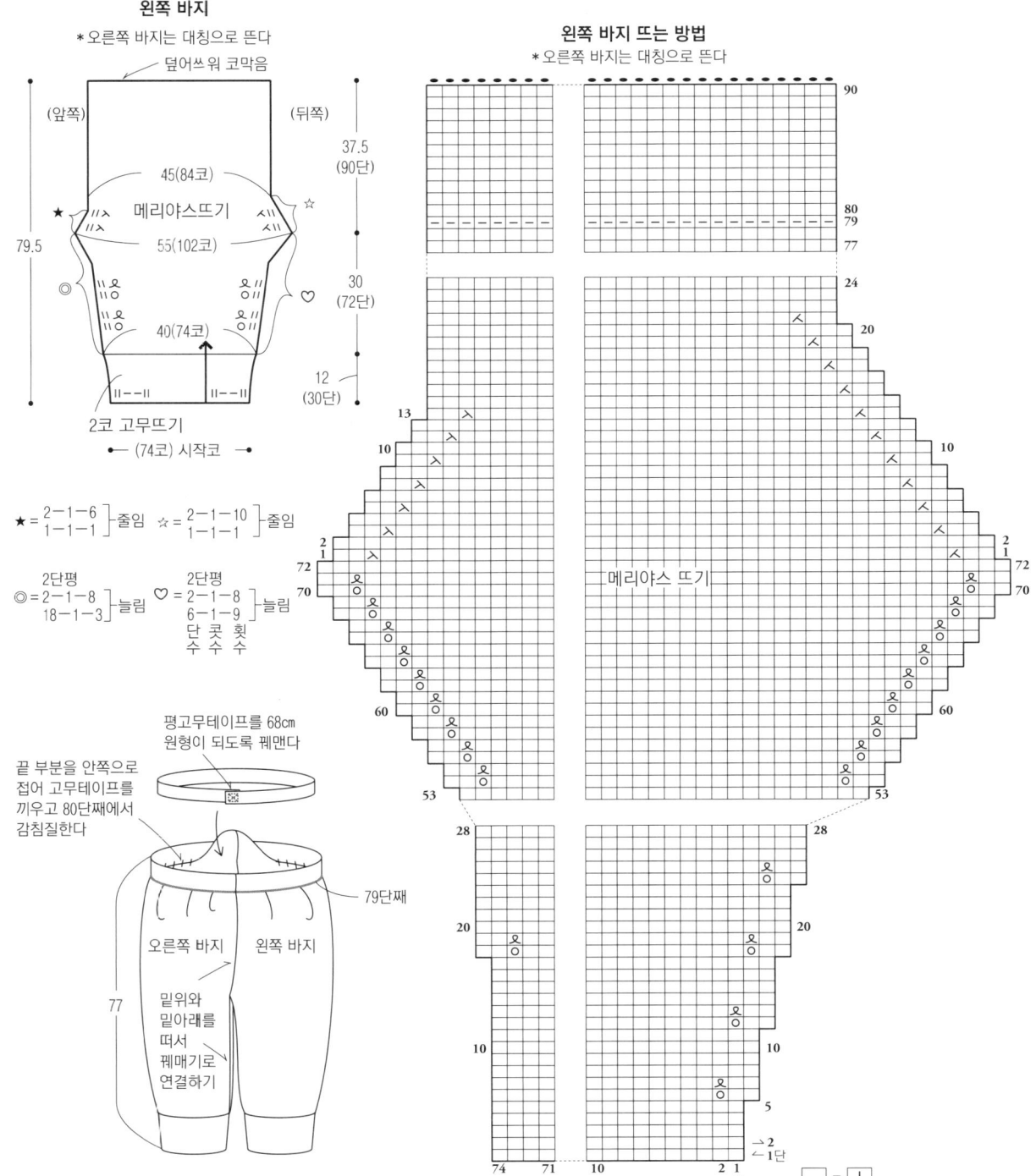

D 스톨 |page 13|

실: 병태사 라이트베이지색 230g, 벽돌색 170g

(하마나카 엑시드울 L 302번, 309번)

용구: 막대바늘 10호 2개

게이지: 무늬뜨기 16.5코 36단 10cm²

사이즈: 폭 39cm, 길이 150cm

뜨는 방법: 실은 1가닥으로 뜬다. 손가락에 실을 거는 방법으로 65코의 시작코를 만들어 가터뜨기로 뜬다. 계속해서 무늬뜨기, 가터뜨기로 뜬다. 끝 부분은 안쪽을 보면서 겉뜨기로 덮어씌워 코막음한다.

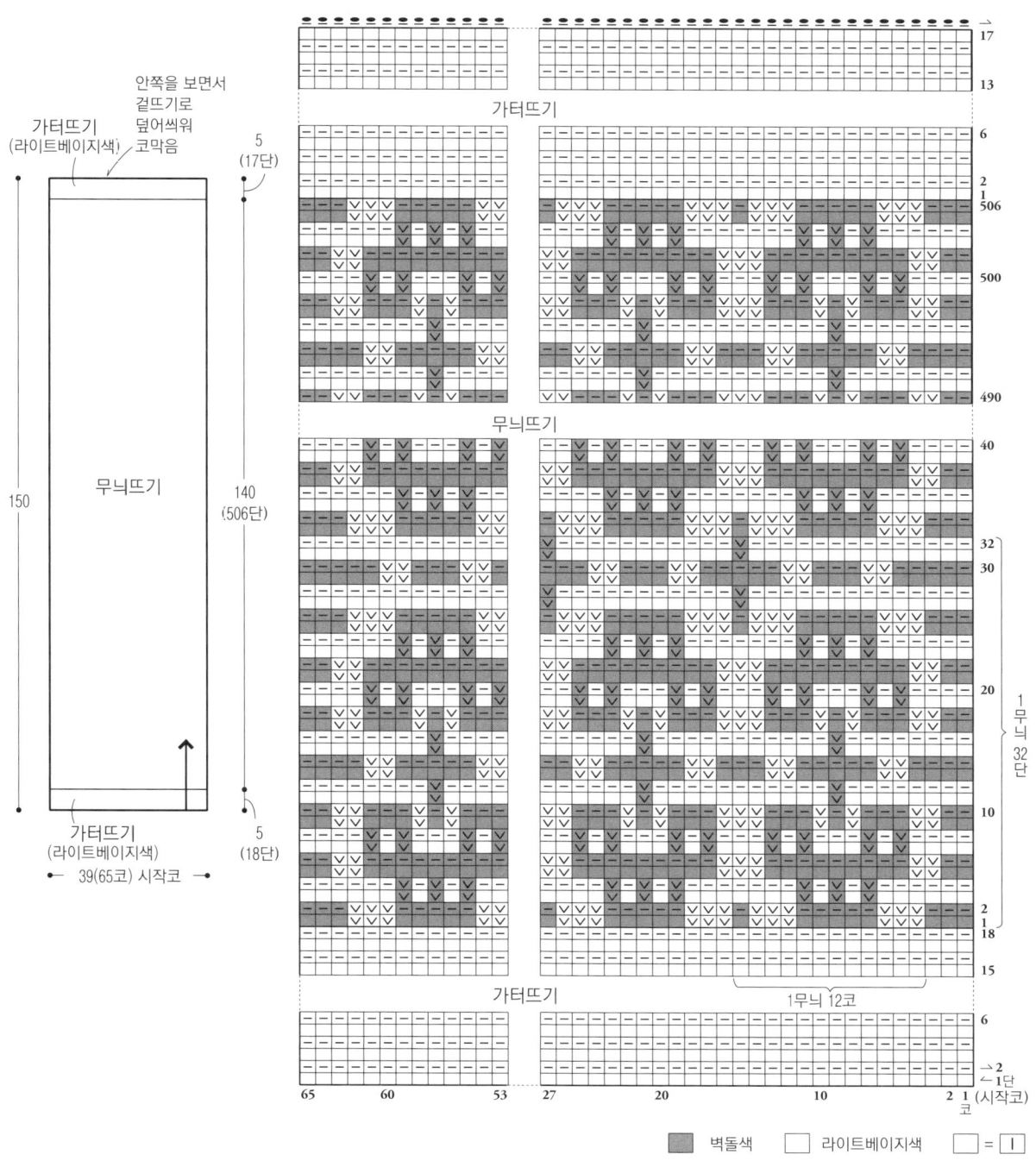

벽돌색 라이트베이지색 □ = |

47

E 투웨이 베스트 |page 14|

실: 극태사 원사 180g,
    진회색 135g(하마나카 소노모노 알파카울 41번, 45번)
용구: 줄바늘 11호 코바늘 8/0호
    ※줄바늘로 왕복뜨기를 한다
게이지: 무늬뜨기 20코 20.5단 10cm²
사이즈: 그림 참조

뜨는 방법: 실은 1가닥으로 뜨고, 지정된 것 외에는 줄바늘 11호로 뜬다. A는 원사로 손가락에 실을 거는 방법으로 118코의 시작코를 만들어 코를 줄이면서 무늬뜨기로 뜨고, 끝 부분은 쉼코로 둔다. B는 A의 40단에서 32코를 줍고, 계속해서 8/0호 바늘로 떠두었던 사슬 32코의 뒷산(안쪽산)에서 32코를 줍는다. 다시 A의 쉼코를 줄여가면서 48코를 줍는다. 반대쪽도 같은 모양으로 코를 주워 가터뜨기로 6단을 뜬다. 실을 진회색으로 바꾸어 가터뜨기와 메리야스뜨기로 뜨고 이어서 배색무늬를 메리야스뜨기로 뜬 다음 다시 메리야스뜨기와 1코 고무뜨기로 뜬다. 끝 부분은 이전 단과 같은 기호의 덮어씌우기로 코막음한다.

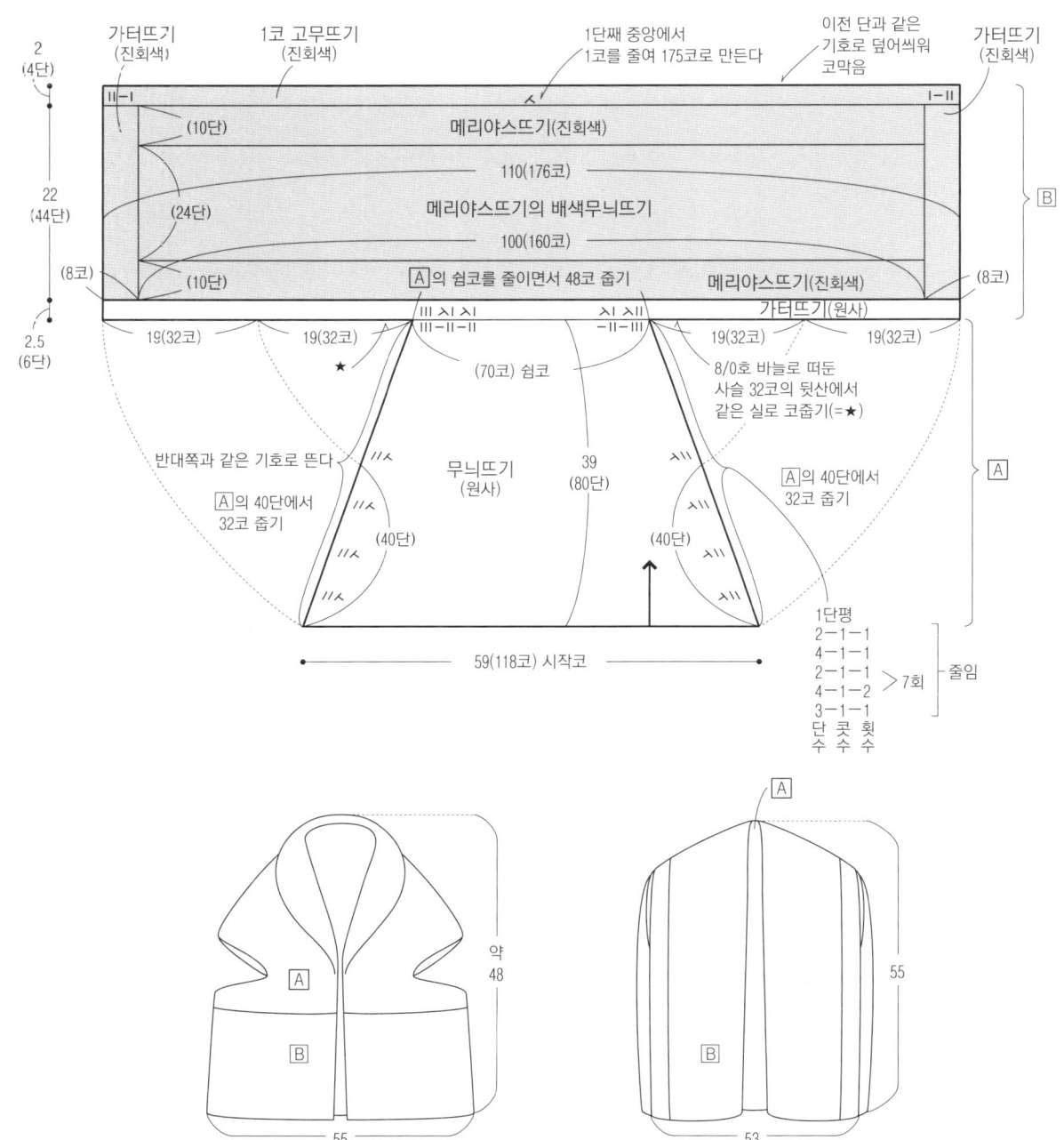

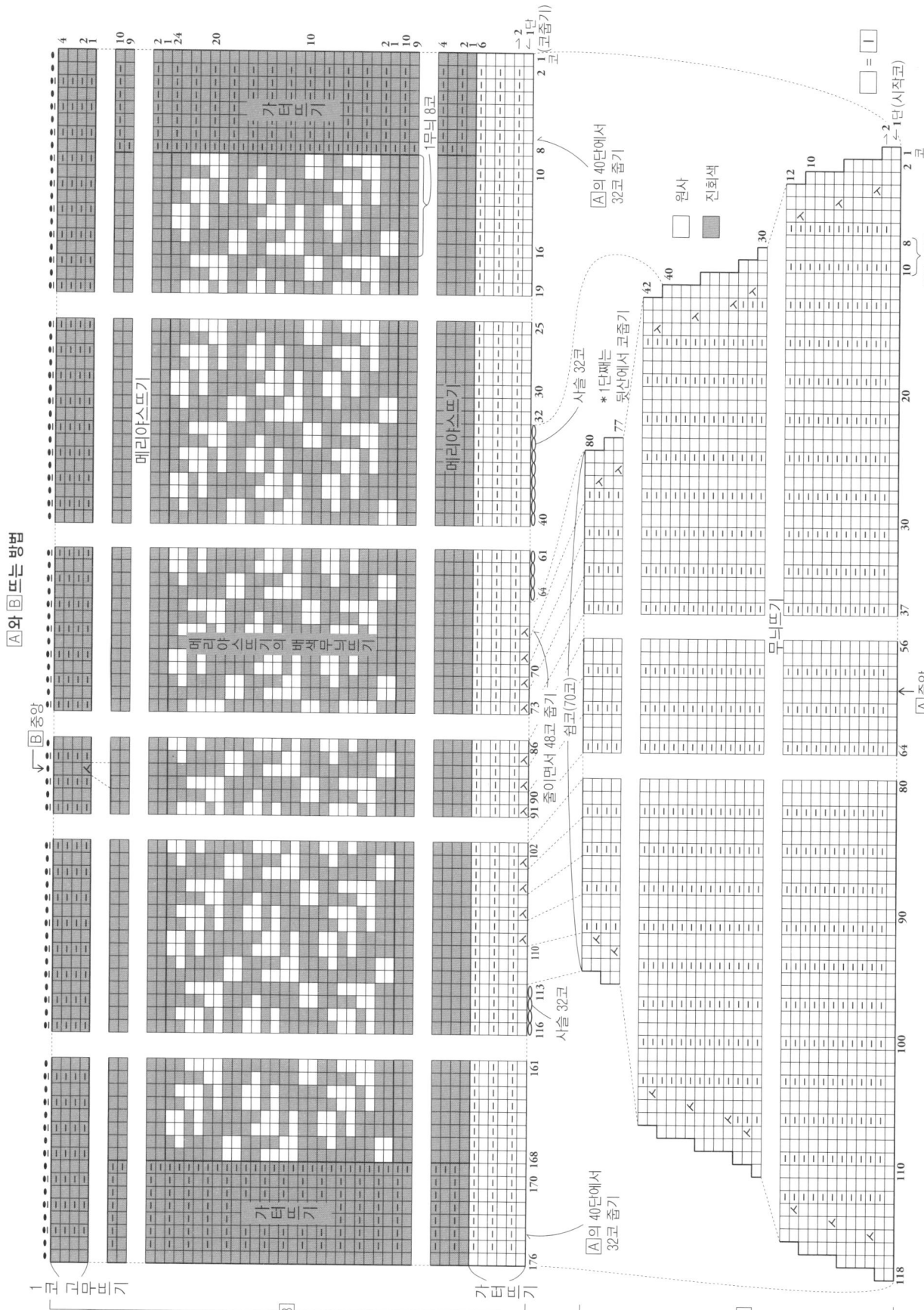

49

F 카디건　|page 16|

실: 극태사 오렌지 갈색 계열 720g(리치모어 타블로 5번)
용구: 막대바늘 14호 2개, 줄바늘
※줄바늘로 왕복뜨기를 한다
부속재료: 직경 2.5㎝ 단추 7개
게이지: 메리야스뜨기 13.5코 18단 10㎠
사이즈: 옷 길이 56.5㎝, 화장(등솔기에서 소매 끝) 65㎝

뜨는 방법: 실은 1가닥으로 뜨고, 지정된 것 외에는 막대바늘 14호 2개로 뜬다. 몸판은 손가락에 실을 거는 방법으로 21코의 시작코를 만들어 1코 고무뜨기로 증감 없이 뜨다가 메리야스뜨기에서 그림과 같이 코를 늘리면서 뜬다. 같은 모양으로 4장 뜨고, 끝 부분 2장은 쉼코로 두고, 2장은 덮어씌우기로 코막음한다. 쉼코로 두었던 2장을 겉끼리 마주보게 겹쳐놓고, 빼뜨기 잇기로 연결한다. 남은 2장은 그림처럼 떠서 꿰매기로 연결한다. 칼라와 밑단은 각각 몸판에서 코를 주워 1코 고무뜨기로 뜬다. 앞단은 밑단과 몸판, 칼라 부분에서 코를 주워 1코 고무뜨기로 뜬다. 오른쪽 앞판에는 단추 구멍을 내고, 단추를 단다.

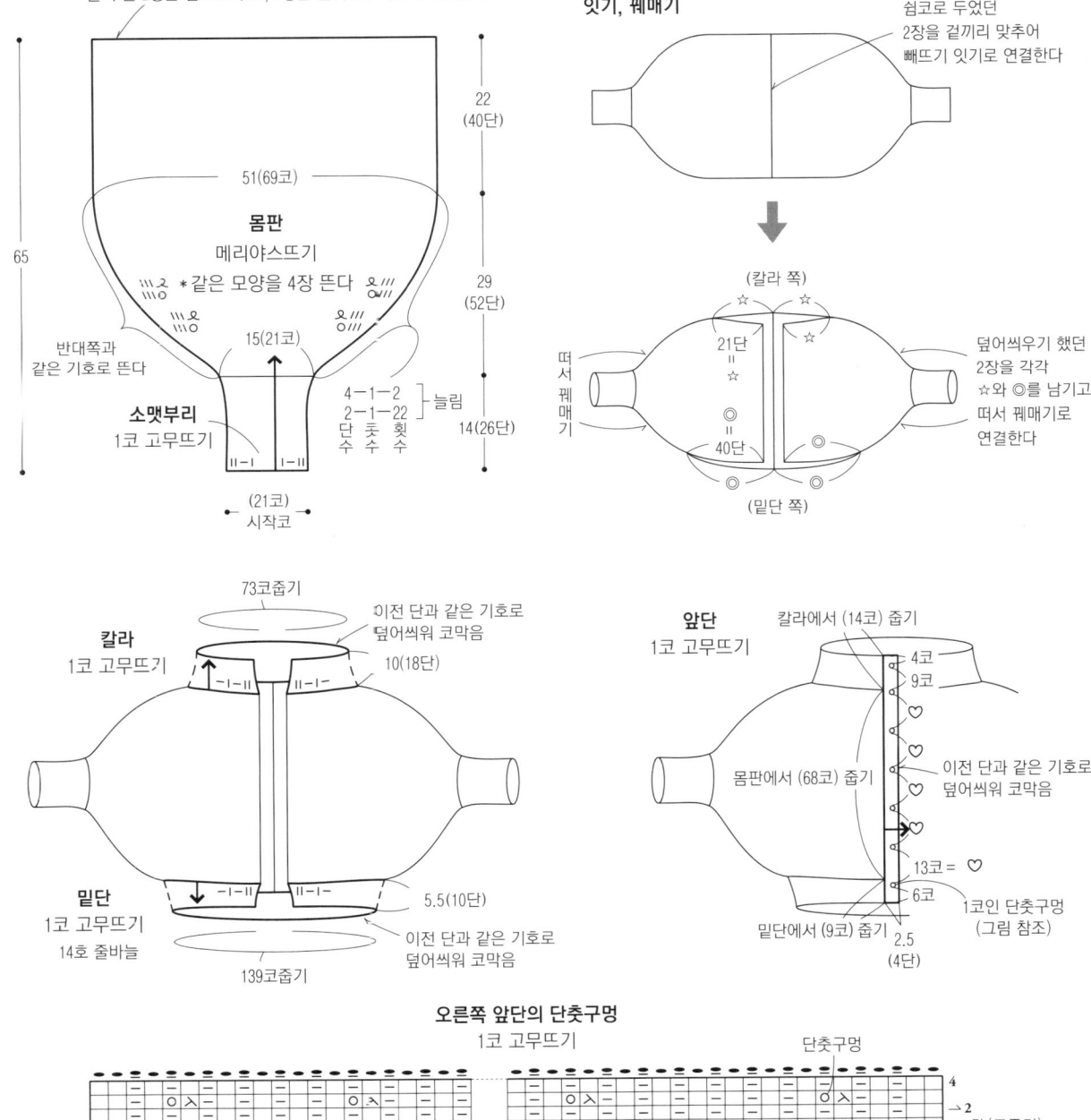

50

G 레그워머 |page 17|

아래쪽 사진을 a, 위쪽을 b로 한다.

실: 병태사 a 진회색, b 황녹색 각각 140g

　　(하마나카 소프티트위드 8번, 11번)

용구: 막대바늘 7호 2개

부속 재료: 직경 1.8cm 단추 10개

게이지: 무늬뜨기 19코 28단 10cm²

사이즈: 원형둘레 33cm, 길이 38cm

뜨는 방법: 실은 1가닥으로 뜬다. 손가락에 실을 거는 방법으로 68코의 시작코를 만들어 2코 고무뜨기, 무늬뜨기, 다시 2코 고무뜨기로 뜬다. 끝 부분은 이전 단과 같은 기호의 덮어씌우기로 코막음한다. 왼쪽 발은 원통 모양이 되게 단을 겹치고, 단추와 함께 꿰매어 고정시킨다. 오른쪽 발은 왼쪽과 대칭이 되도록 겹치고 같은 모양으로 완성한다.

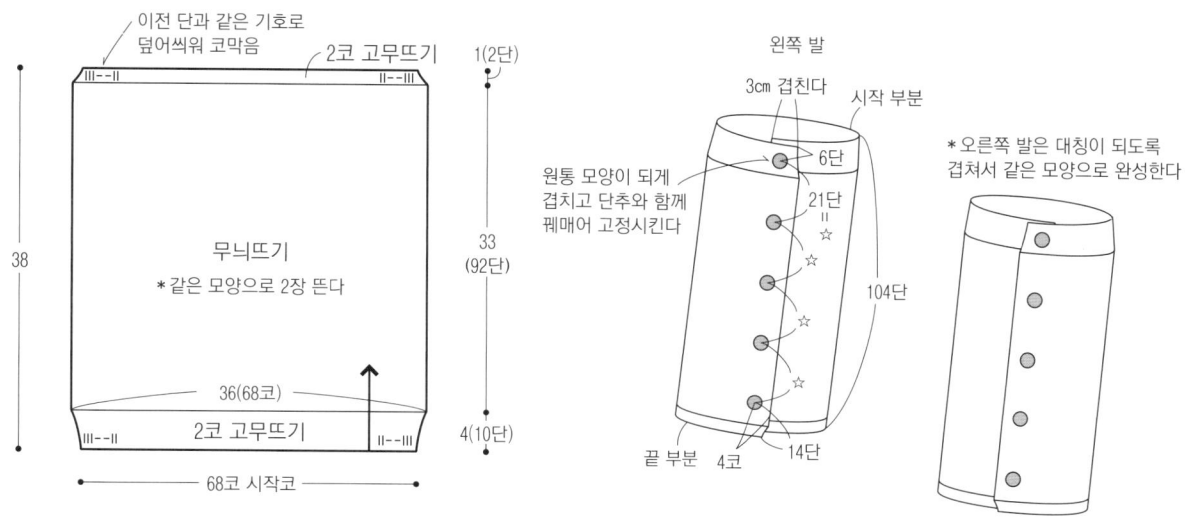

이전 단과 같은 기호로 덮어씌워 코막음　2코 고무뜨기　1(2단)

38

무늬뜨기

*같은 모양으로 2장 뜬다

33(92단)

36(68코)

2코 고무뜨기　4(10단)

68코 시작코

왼쪽 발

3cm 겹친다　시작 부분

원통 모양이 되게 겹치고 단추와 함께 꿰매어 고정시킨다

6단

21단

104단

끝 부분　4코　14단

*오른쪽 발은 대칭이 되도록 겹쳐서 같은 모양으로 완성한다

2코 고무뜨기

무늬뜨기

2코 고무뜨기

1무늬 14코

□ = □

51

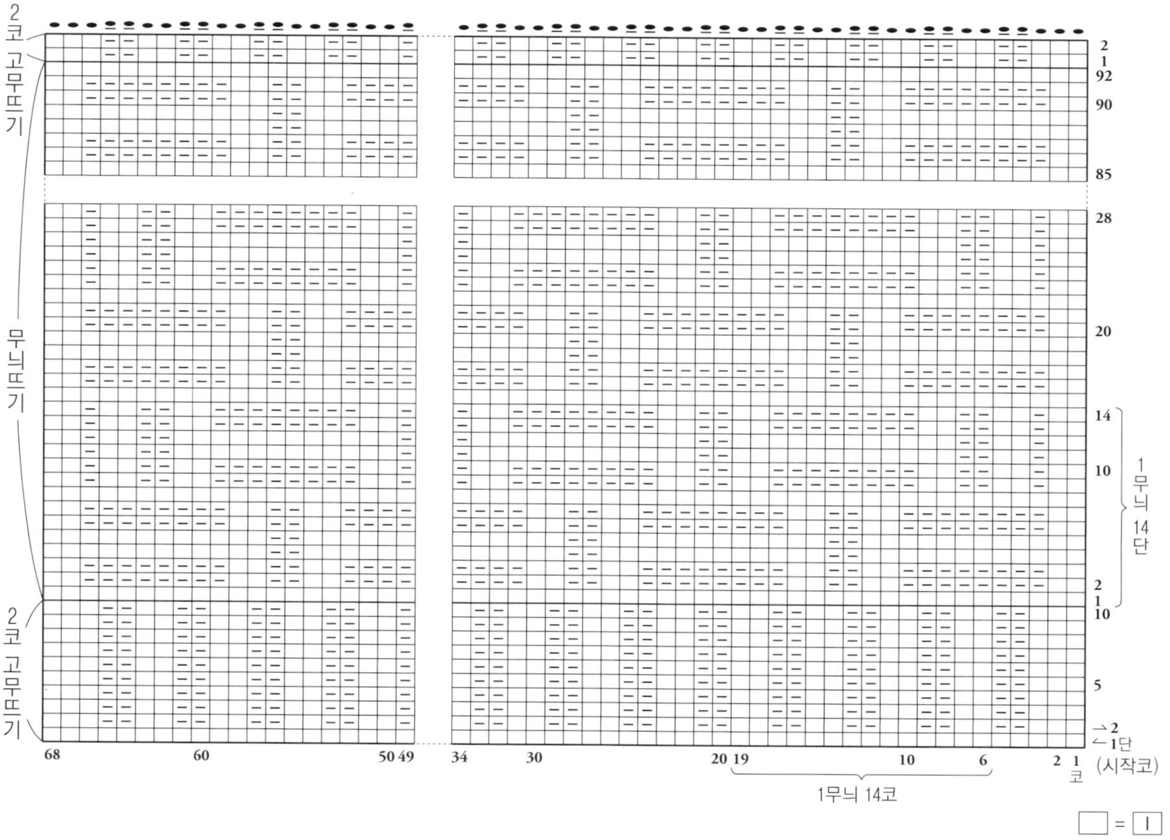

H 풀오버 | page 18 |

실: 극태사 베이지색 540g(하마나카 맨즈클럽 마스타 27번)

용구: 막대바늘 11호 2개, 막대바늘 9호 4개

게이지: 무늬뜨기 16코 24단 10㎠

사이즈: 가슴 폭 45cm, 옷 길이 58cm

뜨는 방법: 실은 1가닥으로 뜬다. 손가락에 실을 거는 방법으로 74코의 시작코를 만들어 막대바늘 11호 2개로 증감 없이 2코 고무뜨기로 뜬다. 중앙에서 1코 줄이고, 그림처럼 코를 줄여가면서 무늬뜨기로 뜬다. 마지막은 쉼코로 둔다. 같은 모양을 4장 뜬다. 앞뒤 몸판 2장의 옆선 부분과 소매 2장의 아래쪽 솔기 부분은 각각 떠서 꿰매기로 연결한다. 래글런 라인도 마찬가지로 떠서 꿰매기로 연결한다. 9호 막대바늘 4개로 바꾸어 목둘레를 원형으로 1코 고무뜨기로 뜬다. 끝 부분은 이전 단과 같은 기호의 덮어씌우기로 코막음한다.

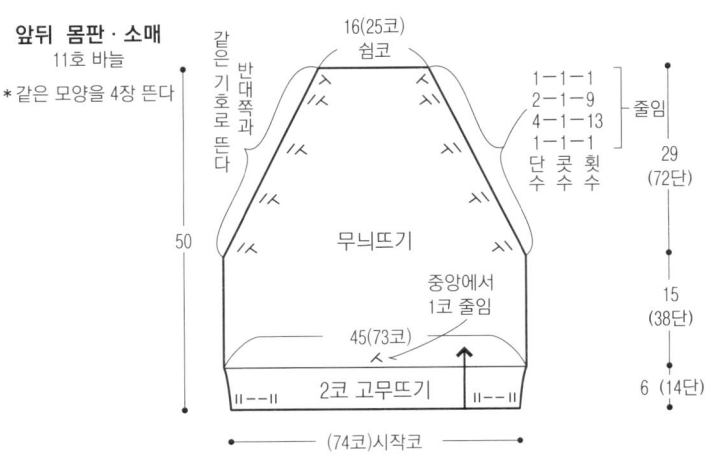

앞뒤 몸판·소매
11호 바늘
*같은 모양을 4장 뜬다

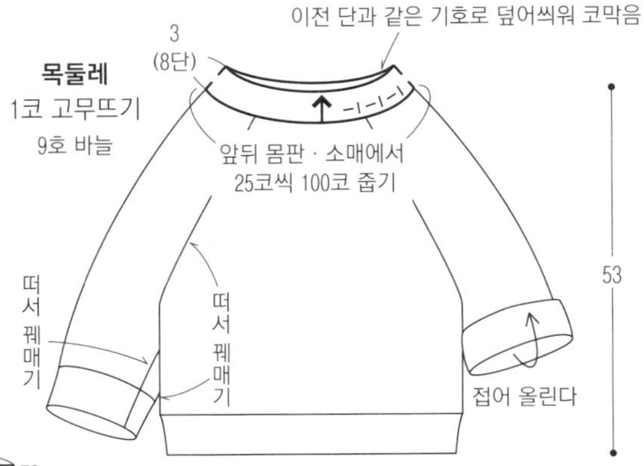

16(25코) 쉼코

1—1—1
2—1—9
4—1—13
1—1—1
단 코 횟
수 수 수 ｝줄임

29 (72단)

15 (38단)

6 (14단)

50

무늬뜨기

중앙에서 1코 줄임

45(73코)

2코 고무뜨기

(74코)시작코

목둘레
1코 고무뜨기
9호 바늘

3 (8단)

이전 단과 같은 기호로 덮어씌워 코막음

앞뒤 몸판·소매에서
25코씩 100코 줍기

53

접어 올린다

떠서 꿰매기

앞뒤 몸판·소매 뜨는 방법

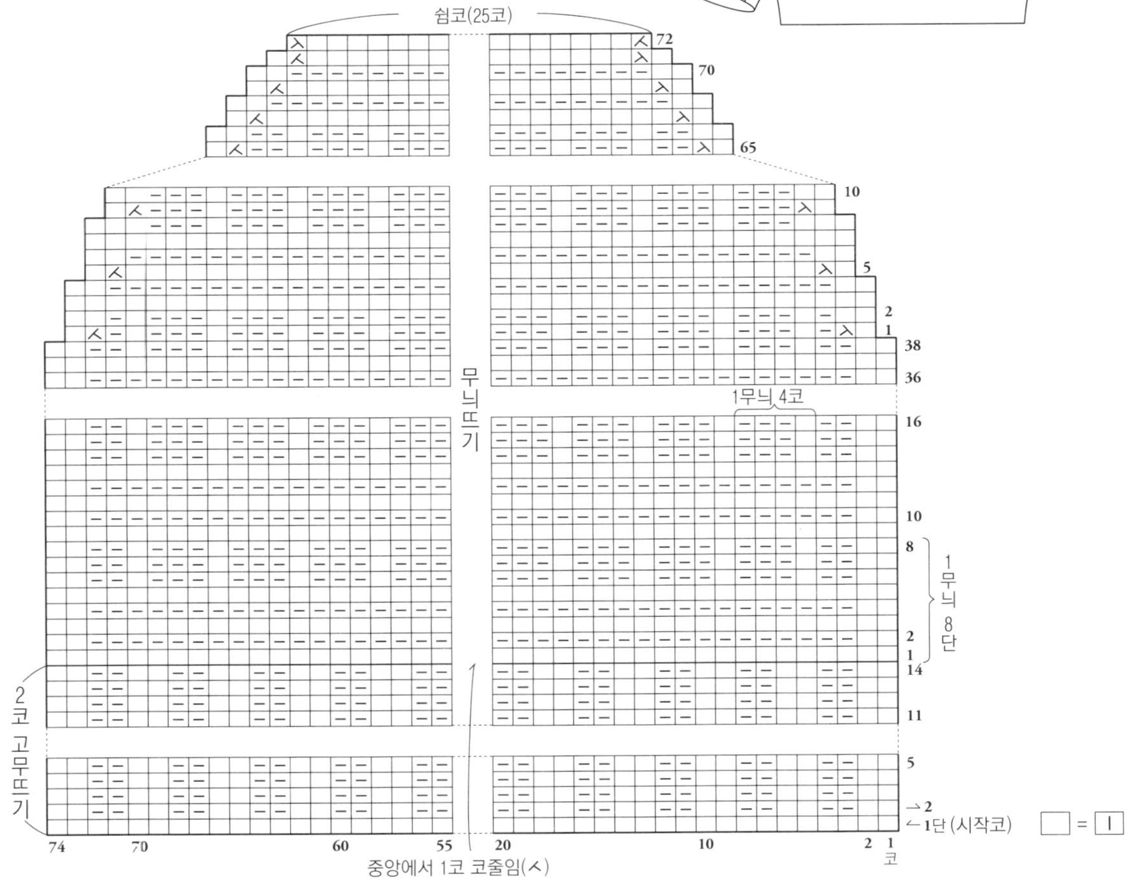

쉼코(25코)

72
70
65
10
5
2
1
38
36
16
10
8
2
1
14
11
5
2
1단 (시작코)

무늬뜨기

1무늬 4코

1무늬 8단

2코 고무뜨기

74 70 60 55 20 10 2 1코

중앙에서 1코 코줄임(人)

□ = | |

I 양말 |page 19|

사진 왼쪽부터 a, b라고 한다.

실: 병태사 a 베이지색 계열, b 블루 각 80g
(하마나카 노르디카 2번, 엑스트라파인 36번)

용구: 코바늘 5/0호

게이지: 무늬뜨기 1무늬 3.3cm 10단 10cm

사이즈: 발 사이즈 약 24cm

뜨는 방법: 실은 1가닥으로 뜬다. 원형코를 만들어 발가락 끝부터 원형 긴뜨기로 뜬 다음 발등과 발바닥은 증감없이 13단을 무늬뜨기로 뜬다. 발뒤꿈치를 그림처럼 왕복으로 7단 뜨고, 발목은 발뒤꿈치와 발등, 발바닥에서 코를 주워 원형 무늬뜨기로 뜬다. 같은 모양을 2장 뜬다.

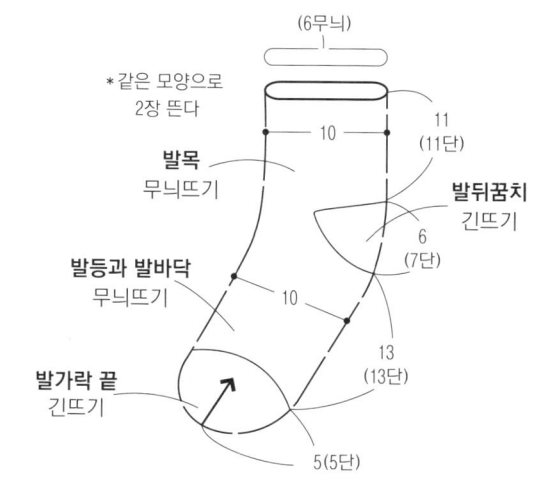

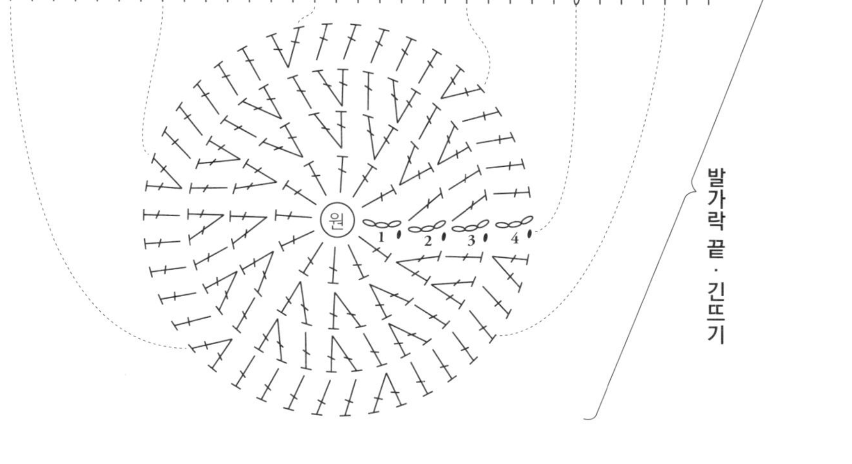

발가락 끝의 콧수 늘리는 방법

단	코수
5	42코
4	42코 (+6)
3	36코 (+12)
2	24코 (+12)
1	12코

발목 · 무늬뜨기

발뒤꿈치 · 긴뜨기

발등과 발바닥 · 무늬뜨기

발가락 끝 · 긴뜨기

끝 부분

1무늬

원

J 판초 |page 20|

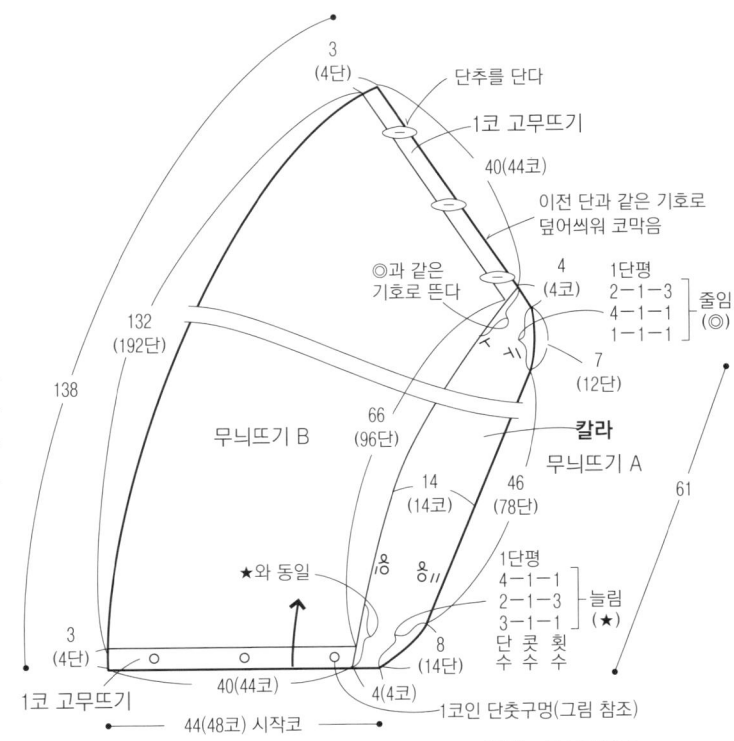

실: 초극태사 연한 갈색 380g(하마나카 바스크 3번)

용구: 막대바늘 8mm 2개, 코바늘 10/0호

부속 재료: 길이 5cm의 토글(장식용 목재) 단추 3개

게이지: 무늬뜨기 A 10코 17단 10cm²
무늬뜨기 B 11코 14.5단 10cm²

사이즈: 옷 길이 40cm, 밑단둘레 135cm

뜨는 방법: 실은 1가닥으로 뜬다. 손가락에 실을 거는 방법으로 48코의 시작코를 만들어 칼라의 무늬뜨기 A와 1코 고무뜨기는 연결해서 뜨는데, 그림과 같이 단춧구멍을 내면서 뜬다. 계속해서 무늬뜨기 A와 B의 되돌려뜨기는 증감을 하면서 뜬다. 다시 무늬뜨기 A와 1코 고무뜨기를 뜨고 끝 부분은 이전 단과 같은 기호의 덮어씌우기로 코막음한다. 단추를 단다.

3
(4단)
단추를 단다
1코 고무뜨기
40(44코)
이전 단과 같은 기호로 덮어씌워 코막음
◎과 같은 기호로 뜬다
4
(4코)
1단평
2-1-3
4-1-1
1-1-1 } 줄임(◎)
7
(12단)
칼라
무늬뜨기 A
132
(192단)
138
무늬뜨기 B
66
(96단)
14
(14코)
46
(78단)
61
★와 동일
8
(14단)
1단평
4-1-1
2-1-3
3-1-1 } 늘림(★)
단 콧 횟
수 수 수
3
(4단)
1코 고무뜨기
40(44코)
4(4코)
44(48코) 시작코
1코인 단춧구멍(그림 참조)

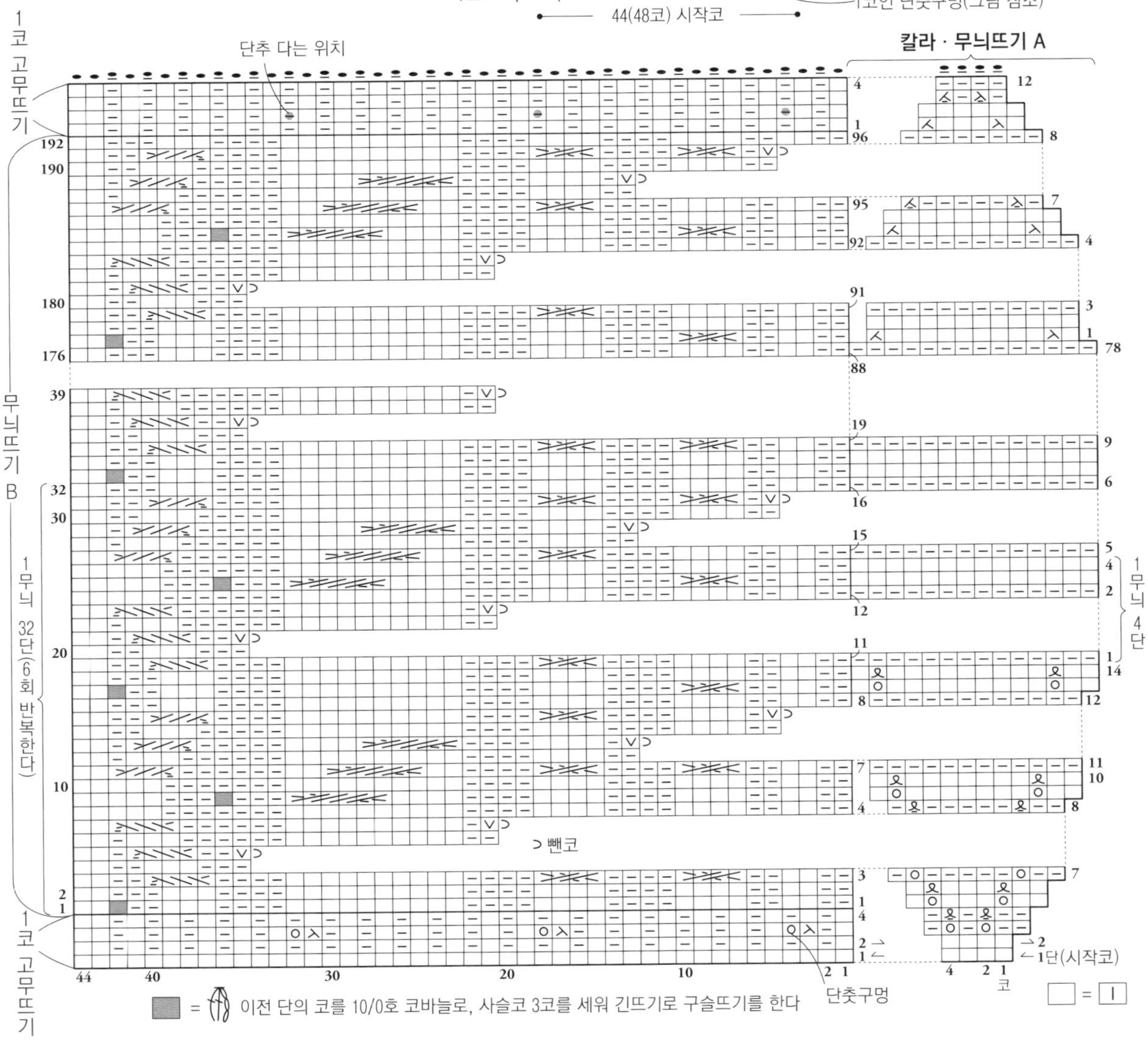

1코 고무뜨기

무늬뜨기 B

1무늬 32단(6회 반복한다)

1코 고무뜨기

단추 다는 위치

칼라 · 무늬뜨기 A

192
190
180
176
39
32
30
20
10
2
1

빼코

96
92
88
91
19
16
15
12
11
8
7
4
3
1

4
1
8
7
4
3
1
78

12
8
5
4
2
14
12
11
10
8
7
4
1
4
2
1
2
1

1무늬 4단

1단(시작코)
단춧구멍

44 40 30 20 10 2 1 4 2 1

= 이전 단의 코를 10/0호 코바늘로, 사슬코 3코를 세워 긴뜨기로 구슬뜨기를 한다

= I

K 케이프 |page 21|

실: 병태사 진회색 380g(하마나카 오가닉울 미드필드 111번)
용구: 코바늘 8/0호
게이지: 무늬뜨기 17코 10.5단 10㎠
사이즈: 옷 길이 39㎝, 밑단둘레 106㎝

뜨는 방법: 실은 1가닥으로 뜬다. 사슬뜨기로 180코의 시작코를 만들어 그림과 같이 줄이면서 무늬뜨기로 뜬다. 겉끼리 맞추어 옆선을 사슬꿰매기로 연결한다.

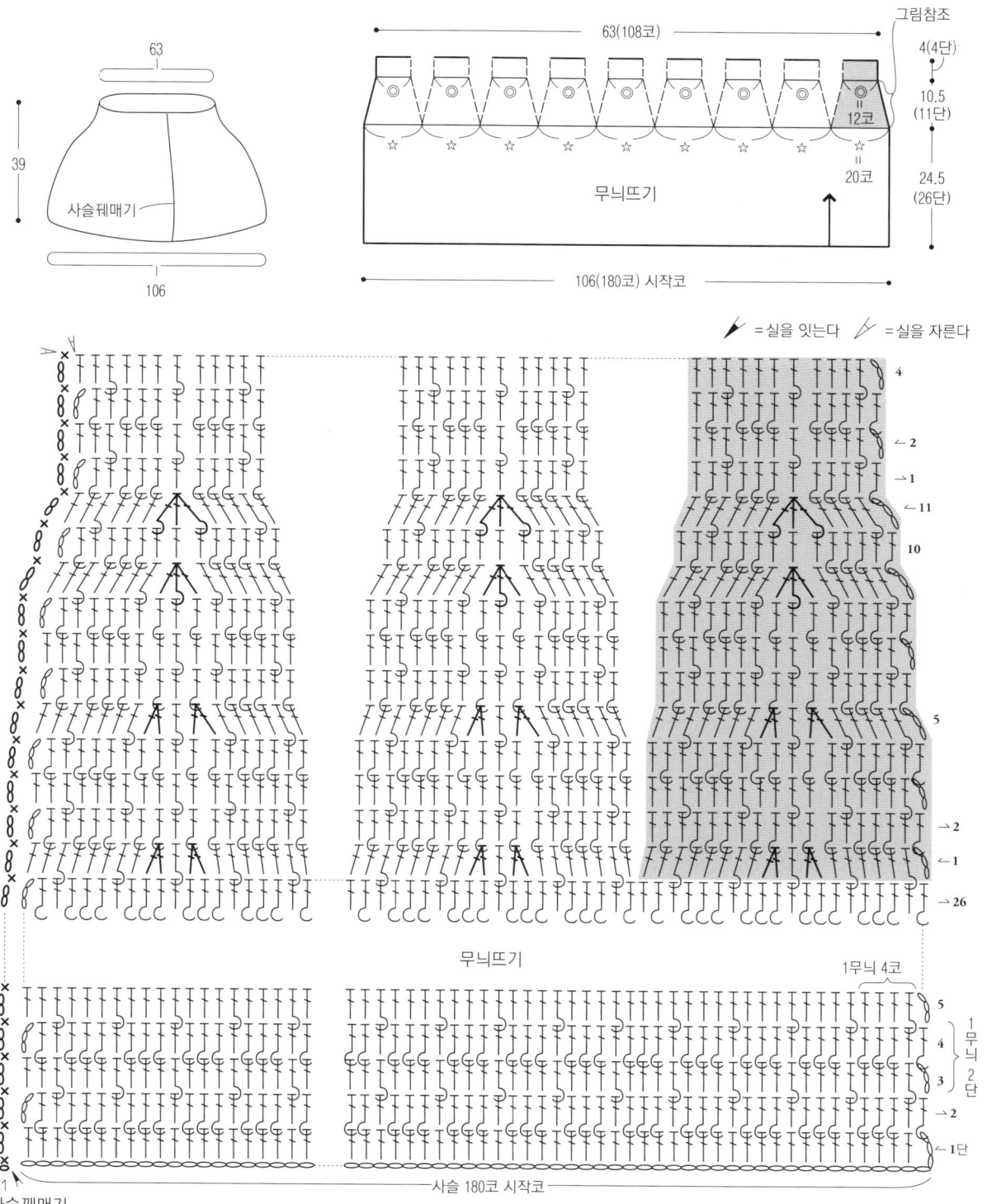

55

L 롱 베스트　|page 22|

실: 초극세사 베이지색 540g, 연회색 35g, 짙은 갈색 70g

(하마나카 바스크 2번, 3번, 4번)

용구: 막대바늘 7mm 2개, 코바늘 10/0호

게이지: 메리야스뜨기의 배색무늬
11.5코 13.5단 10㎠
가터뜨기 11.5코 17.5단 10㎠

사이즈: 가슴 폭 46cm, 옷 길이 74cm

뜨는 방법: 실은 1가닥으로 뜨고 지정된 것 외에는 7mm 대바늘과 베이지색 실로 뜬다. 뒤판과 앞판은 손가락에 실을 거는 방법으로 시작코를 만들어 그림과 같이 1코 고무뜨기, 메리야스뜨기의 배색무늬뜨기, 가터뜨기로 뜬다. 뒤판의 끝 부분은 쉼코와 덮어씌우기로 코막음하고, 앞판은 쉼코로 둔다. 칼라, 앞단, 벨트는 같은 모양으로 시작코를 만들어 가터뜨기로 뜬다. 어깨는 빼뜨기 잇기로, 옆선은 떠서 꿰매기로 연결한다. 칼라와 앞단은 쉼코끼리 겉이 밖으로 향하도록 하여 빼뜨기 잇기를 한 후 앞판에는 떠서 꿰매기로, 뒤판에는 감침질로 붙인다. 10/0호 바늘로 고리를 떠서 옆선에 붙인다.

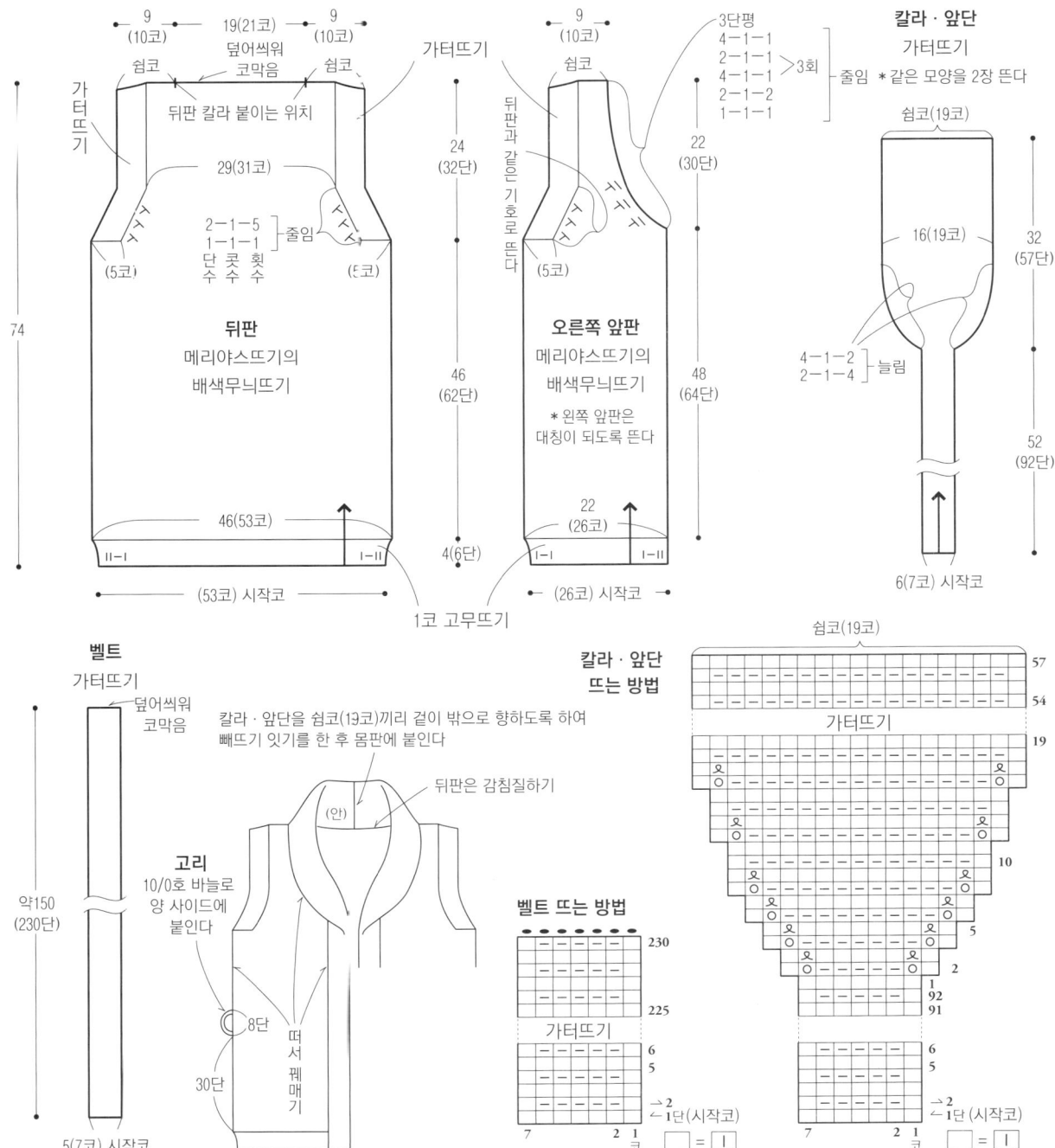

56

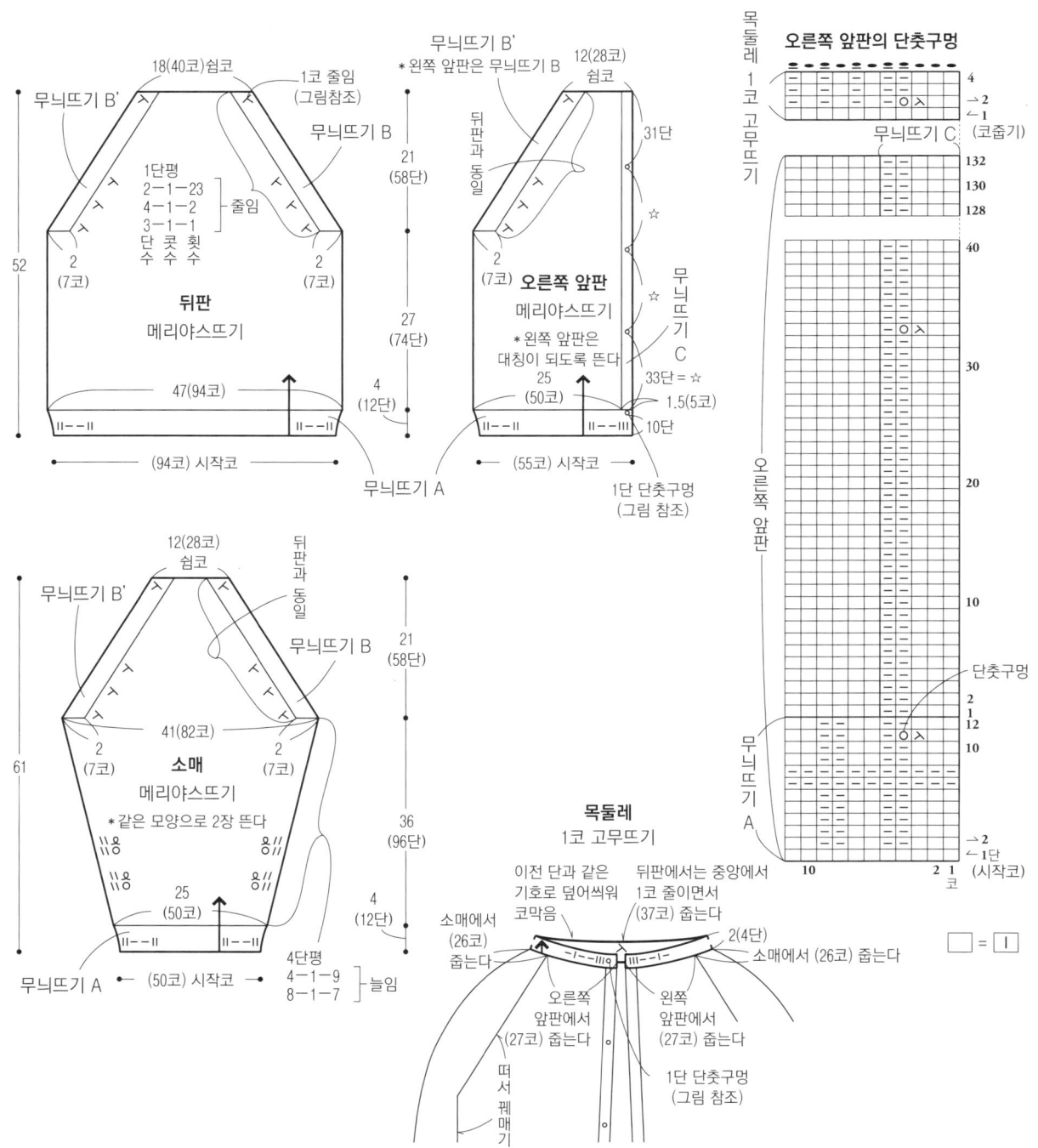

N 투웨이 카디건 | page 24 |

실: 병태사 진회색 390g(하마나카 소노모노 알파카울 65번)
용구: 막대바늘 8호 2개, 코바늘 6/0호
부속 재료: 직경 1.8cm 단추 5개
게이지: 메리야스뜨기 20코 27단 10cm²
사이즈: 가슴 폭 47cm, 옷 길이 57cm

뜨는 방법: 실은 1가닥으로 뜬다. 앞판, 뒤판 소매는 손가락에 실을 거는 방법으로 시작코를 만들어 증감 없이 무늬뜨기 A, 메리야스뜨기(앞단 끝은 무늬뜨기 C)로 뜬다. 계속해서 그림과 같이 코를 줄이면서 메리야스뜨기와 무늬뜨기 B, B'로 뜨는데 오른쪽 앞판에는 단춧구멍을 내면서 뜬다. 끝 부분은 각각 쉼코로 둔다. 래글런 라인을 떠서 꿰매기로 연결하고 옆선과 소매 아래쪽 솔기 부분도 떠서 꿰매기로 연결한다. 목둘레는 1코 고무뜨기로 뜨는데, 단춧구멍을 내면서 뜬다. 끝 부분은 이전 단과 같은 기호로 덮어씌워 코막음한다. 단추를 단다.

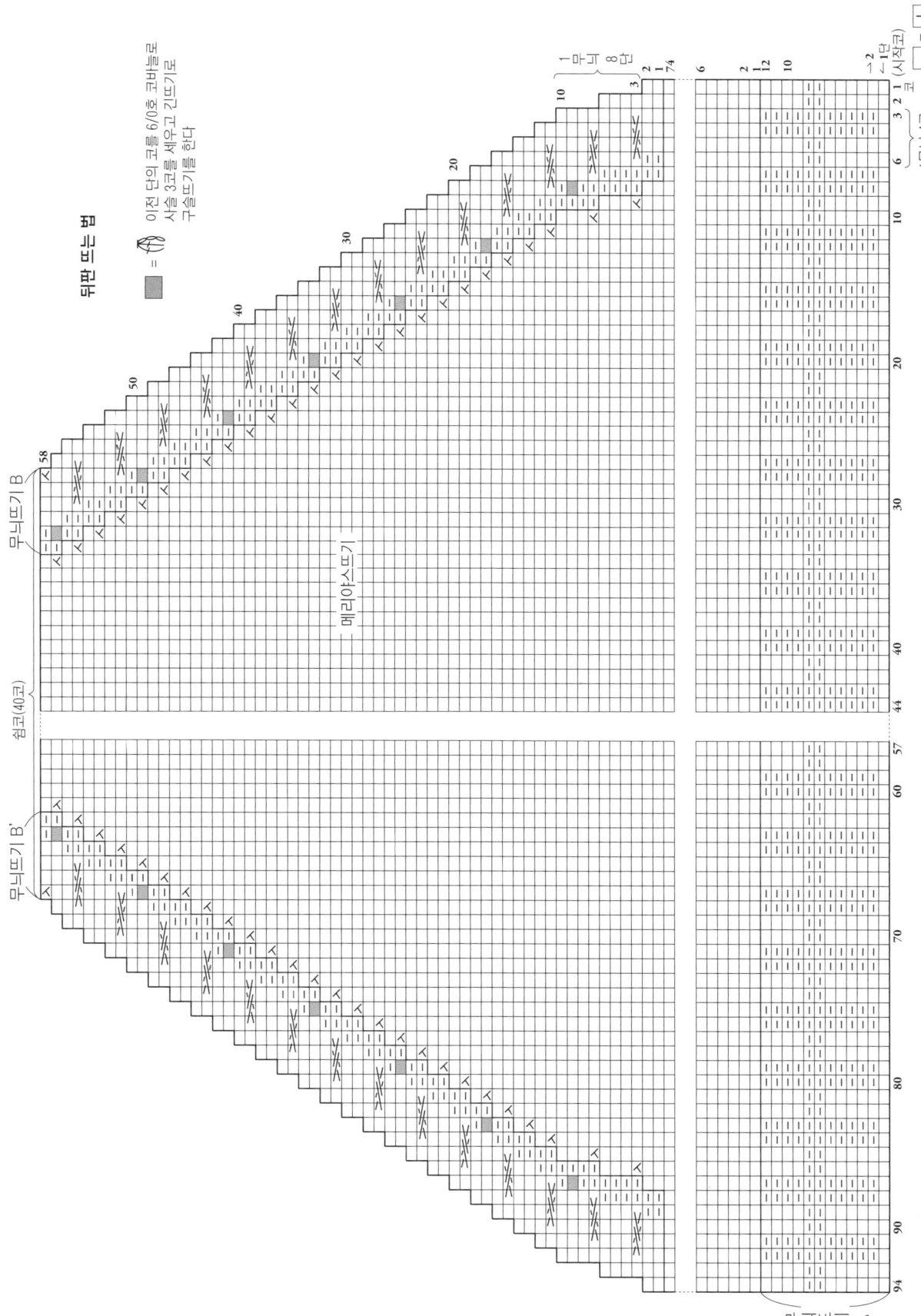

위판 뜨는 법

= (図) 이전 단의 코를 6/0호 코바늘로
사슬 3코를 세우고 긴뜨기로
구슬뜨기를 한다

▨ =

무늬뜨기 B

뒤판(40코) 〴

무늬뜨기 B'

메리야스뜨기

마무리
8
단

10

74
3
2
1

20

30

40

50

58

6
2
12
10
→ 2
← 1단 (시작코)

3 2 1
3
6

10

20

30

40
44

57

60

70

80

90
94

마무리기 A

1무늬 4코

O 투웨이 카디건 |page 26|

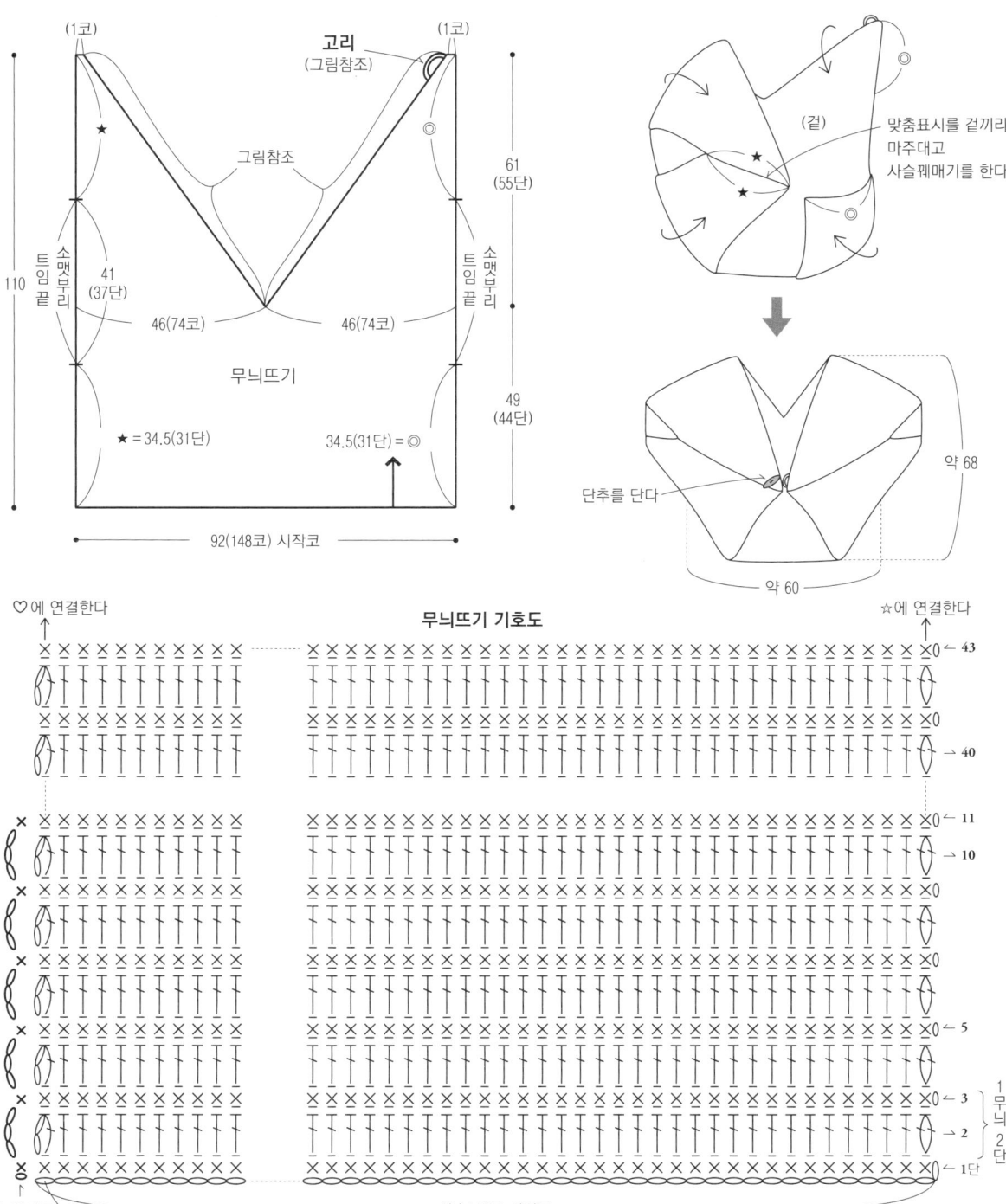

실: 병태사 감색 계열 290g(하마나카 쿠시 7번)
용구: 코바늘 8/0호
부속 재료: 길이 4㎝ 토글단추 1개
게이지: 무늬뜨기 16코 9단 10㎠
사이즈: 그림 참조

뜨는 방법: 실은 1가닥으로 뜬다. 사슬뜨기로 148코의 시작코를 만들어 그림과 같이 중앙에서 코를 줄이면서 무늬뜨기로 뜬다. 맞춤표시를 겉끼리 맞추어 사슬 꿰매기로 연결한다. 단추를 단다.

(1코)   고리 (그림참조)   (1코)

맞춤표시를 겉끼리 마주대고 사슬꿰매기를 한다

(겉)

단추를 단다

약 68

약 60

그림참조

★

110   소맷부리 트임끝

41 (37단)

46(74코)   46(74코)

무늬뜨기

★ = 34.5(31단)   34.5(31단) = ◎

92(148코) 시작코

61 (55단)

소맷부리 트임끝

49 (44단)

♡에 연결한다

무늬뜨기 기호도

☆에 연결한다

← 43
→ 40
← 11
→ 10
← 5
← 3
→ 2
← 1단

1 무늬 2 단

사슬꿰매기   시작부분   사슬148코 시작코

60

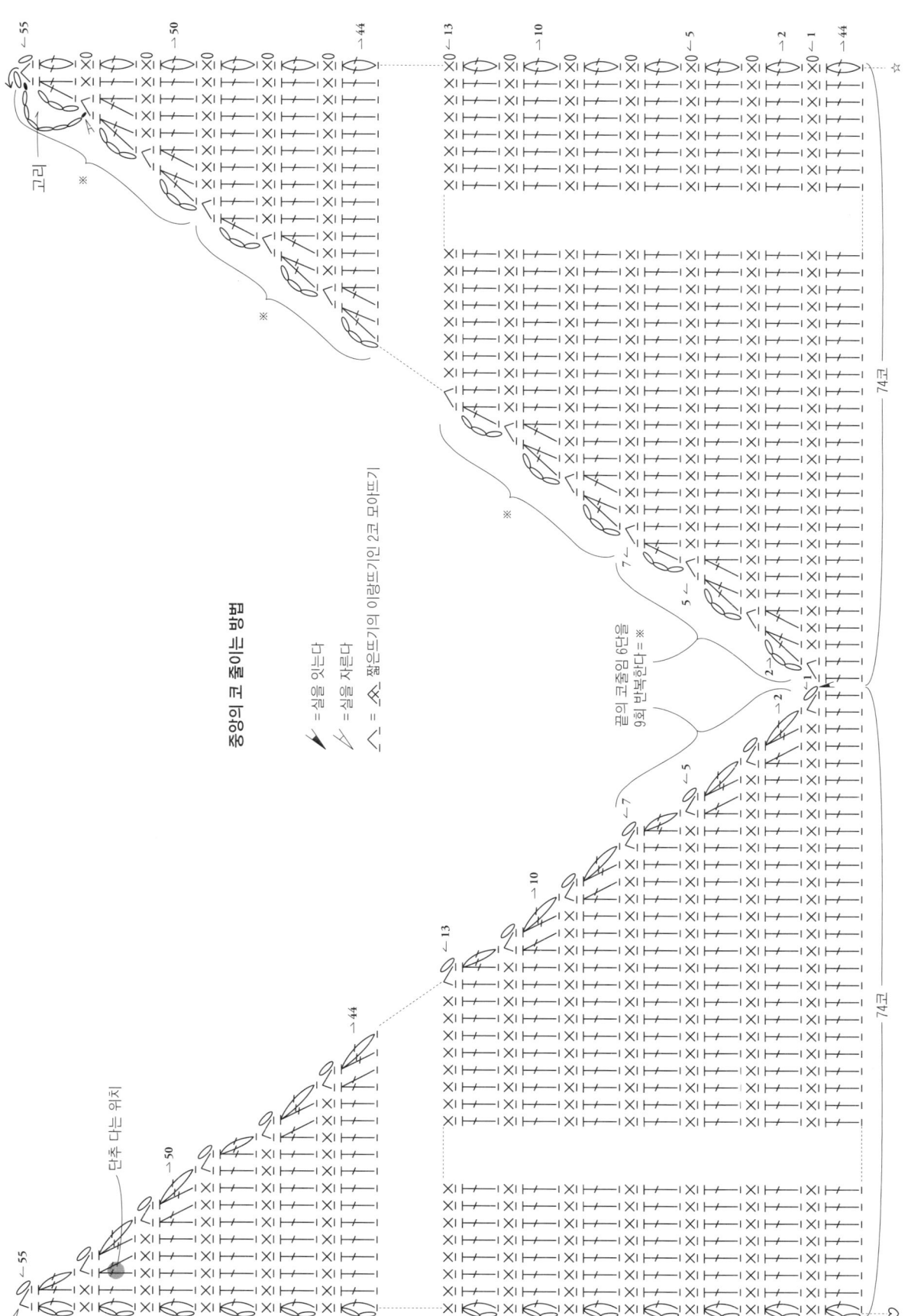

중앙에 코 줄이는 방법

= 실을 잇는다

= 실을 자른다

= 짧은뜨기의 이랑뜨기인 2코 모아뜨기

고리

단추 다는 위치

끝이 코줄임 6단을
9회 반복한다 = ※

74코

74코

M 백 | page 23 |

실: 초극태사 그린색 380g(하마나카 오브코스! 빅 113번)
용구: 막대바늘 8㎜ 2개
게이지: 무늬뜨기 17코 16단 10㎠
사이즈: 폭 36㎝, 깊이 36㎝(손잡이를 포함하지 않은 길이)

뜨는 방법: 실은 1가닥으로 뜬다. 본체는 손가락에 실을 거는 방법으로 122코의 시작코를 만들어 무늬뜨기로 48단을 뜬다. 계속해서 메리야스 뜨기로 코를 줄이면서 뜨고, 남은 14코에 실을 집어넣어 오므린다. 옆선을 떠서 꿰매기로 연결한다. 본체의 시작코 부분에서 그림과 같이 코를 주워 손잡이를 가터뜨기로 44단 뜬다. 같은 모양을 4장 뜬다. 손잡이 부분을 완성한다.

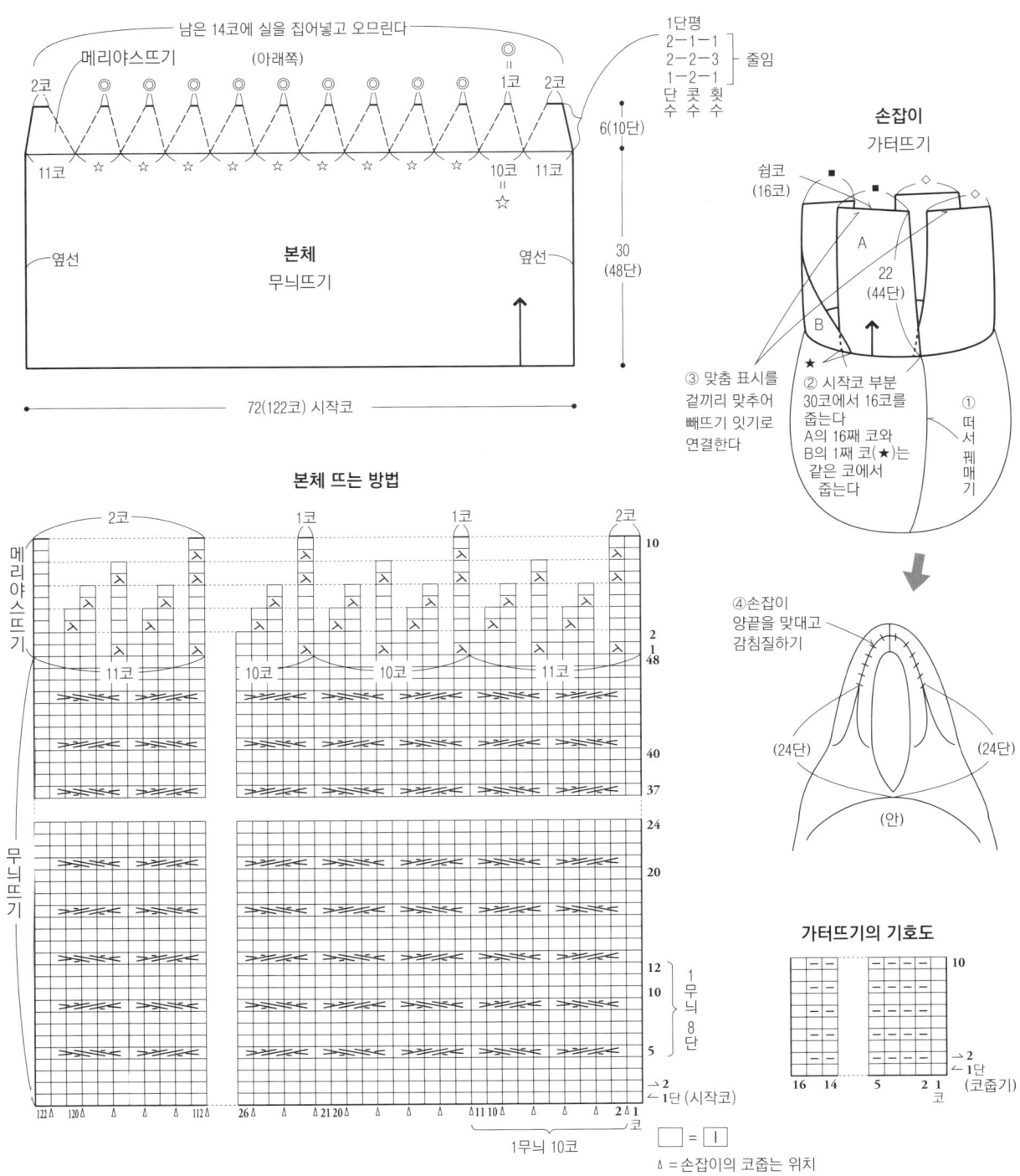

62

P 머플러 |page 28|

실: 병태사 원사 195g(하마나카 소노모노 알파카울 41번)
용구: 막대바늘 12호 2개
게이지: 무늬뜨기 21코 21단 10㎠
　　　　　가터뜨기 16코 21단 10㎠
사이즈: 폭 21.5cm, 길이 107cm

뜨는 방법: 실은 1가닥으로 뜬다. 손가락에 실을 거는 방법으로 40코의 시작코를 만들어 증감 없이 2코 고무뜨기로 뜨고 계속해서 칼라 부분은 코를 증감하면서 가터뜨기와 무늬뜨기로 뜬다. 다시 2코 고무뜨기로 뜬 뒤 끝 부분은 덮어씌우기로 코막음한다. 시작 부분을 안쪽으로 꺾어 접어 감침질을 해서 통로를 만든다.

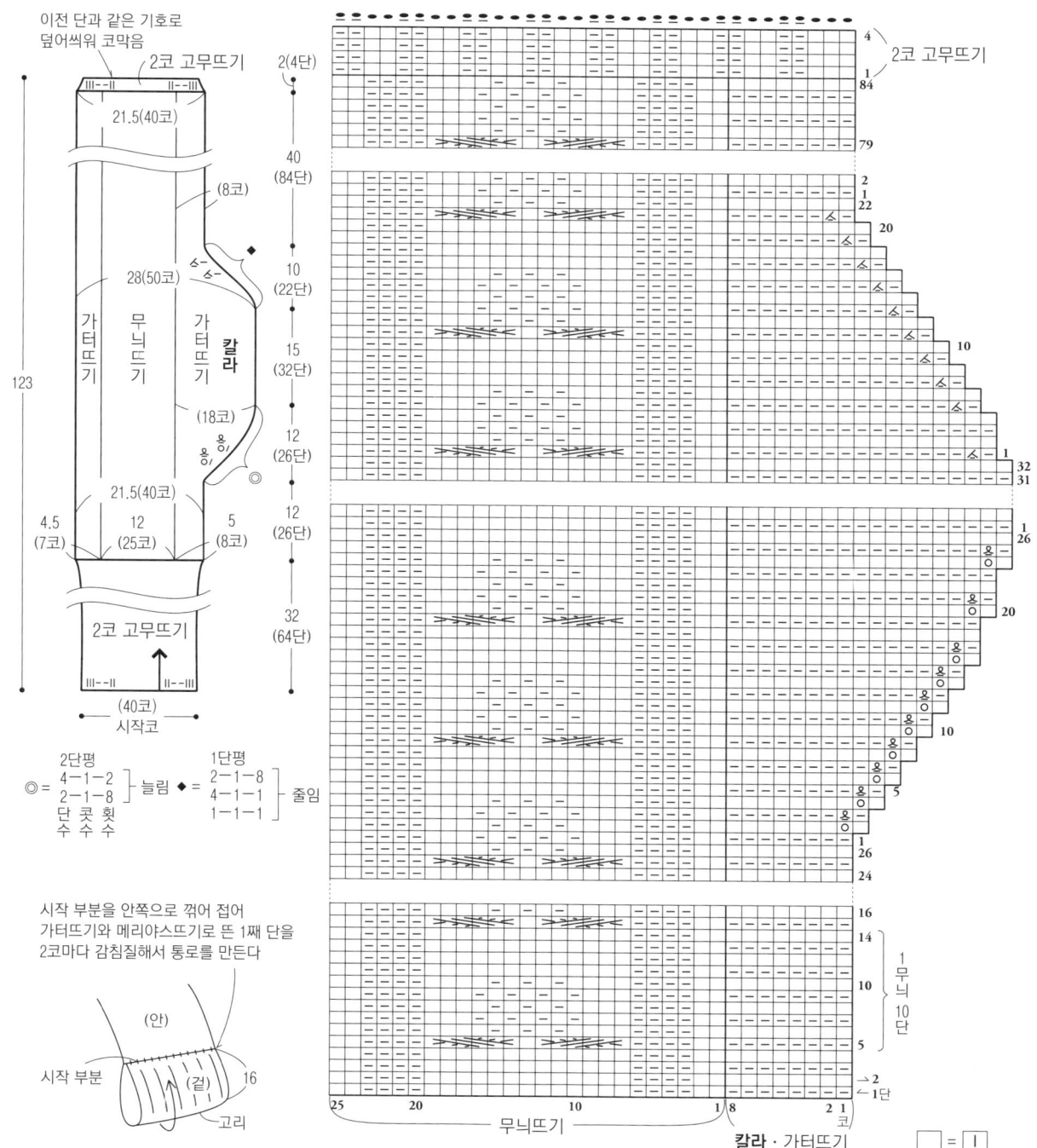

이전 단과 같은 기호로 덮어씌워 코막음

2코 고무뜨기　2(4단)

21.5(40코)

(8코)

40(84단)

28(50코)　10(22단)

가터뜨기　무늬뜨기　가터뜨기 **칼라**　15(32단)

(18코)

123

12(26단)

21.5(40코)

4.5(7코)　12(25코)　5(8코)　12(26단)

2코 고무뜨기　32(64단)

(40코)
시작코

◎ = 2단평
4-1-2
2-1-8
단 콧 횟
수 수 수 } 늘림

♦ = 1단평
2-1-8
4-1-1
1-1-1 } 줄임

시작 부분을 안쪽으로 꺾어 접어
가터뜨기와 메리야스뜨기로 뜬 1째 단을
2코마다 감침질해서 통로를 만든다

(안)

시작 부분　(겉)　16

고리

2코 고무뜨기　4 / 1 / 84 / 79

2 / 1 / 22 / 20 / 10 / 1 / 32 / 31

1 / 26 / 20 / 10 / 5 / 1 / 26 / 24

16 / 14 / 10 / 5 / 2 / 1단

1 무늬 10 단

25　20　10　1 8　2 1 코

무늬뜨기

칼라 · 가터뜨기　□ = |

63

R,Z 튜닉 | page 30,40 |

실: 병태사 R 베이지색 320g, 연지색 120g, 라이트베이지색 30g
　Z 짙은 갈색 400g, 카멜색 110g, 물색 30g

（하마나카 엑시드울 L 304번, 310번, 302번, 305번, 332번, 322번）

용구: 막대바늘 9호, 7호 2개

게이지: 메리야스뜨기 18코 25단 10㎠
　　　메리야스뜨기의 배색무늬 18코 22단 10㎠

사이즈: R 가슴 폭 46㎝, 옷 길이 68.5㎝
　　　Z 가슴 폭 46㎝, 옷 길이 80.5㎝

뜨는 방법: 실은 1가닥으로 지정된 배색으로 뜬다. 지정된 것 외에는 R, Z 모두 똑같이 뜬다. 소매는 손가락에 실을 거는 방법으로 91코의 시작코를 만들어 9호 바늘로 가터뜨기, 메리야스뜨기, 메리야스뜨기의 배색무늬뜨기로 뜬다. 7호 바늘로 바꾸어 1째 단에서 코를 줄여 2코 고무뜨기로 뜬다. 끝 부분은 이전 단과 같은 기호로 덮어씌워 코막음한다. 같은 모양을 1장 더 뜬다. 몸판은 9호 바늘로 소매 단에서 84코를 주워, 그림과 같이 메리야스뜨기로 코를 늘리면서 뜬다. 계속해서 메리야스뜨기의 배색무늬뜨기, 가터뜨기로 뜨는데, Z는 가터뜨기 1단 째에서 코를 줄인다. 끝 부분은 안쪽을 보면서 겉뜨기로 덮어씌워 코막음한다. 같은 모양을 1장 더 뜬다. R은 옆선과 소매 아래쪽 솔기 부분을, Z는 옆선을 떠서 꿰매기로 연결한다. 소매 밑동 부분은 감침질한다.

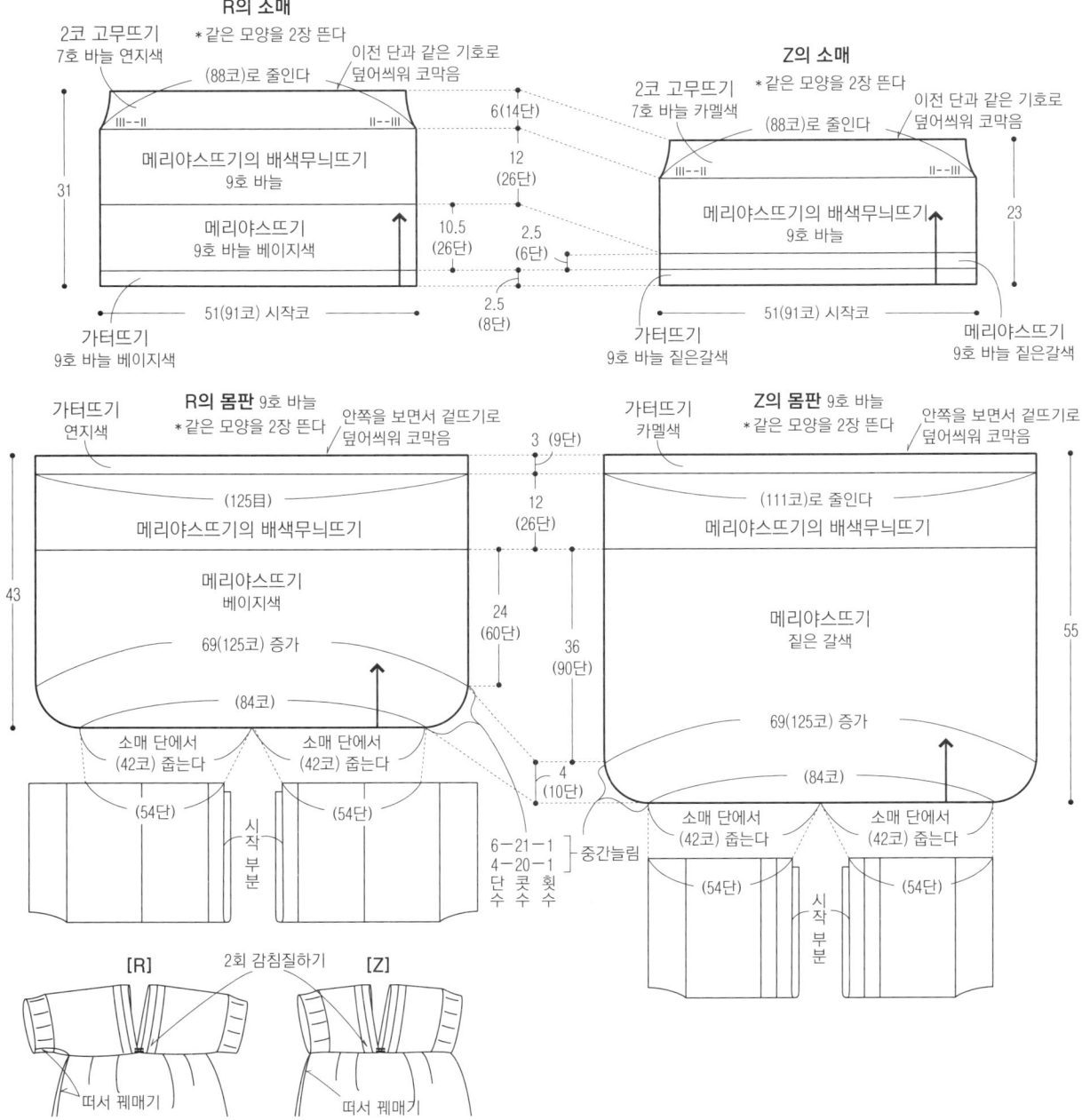

R·Z의 소매 뜨는 방법

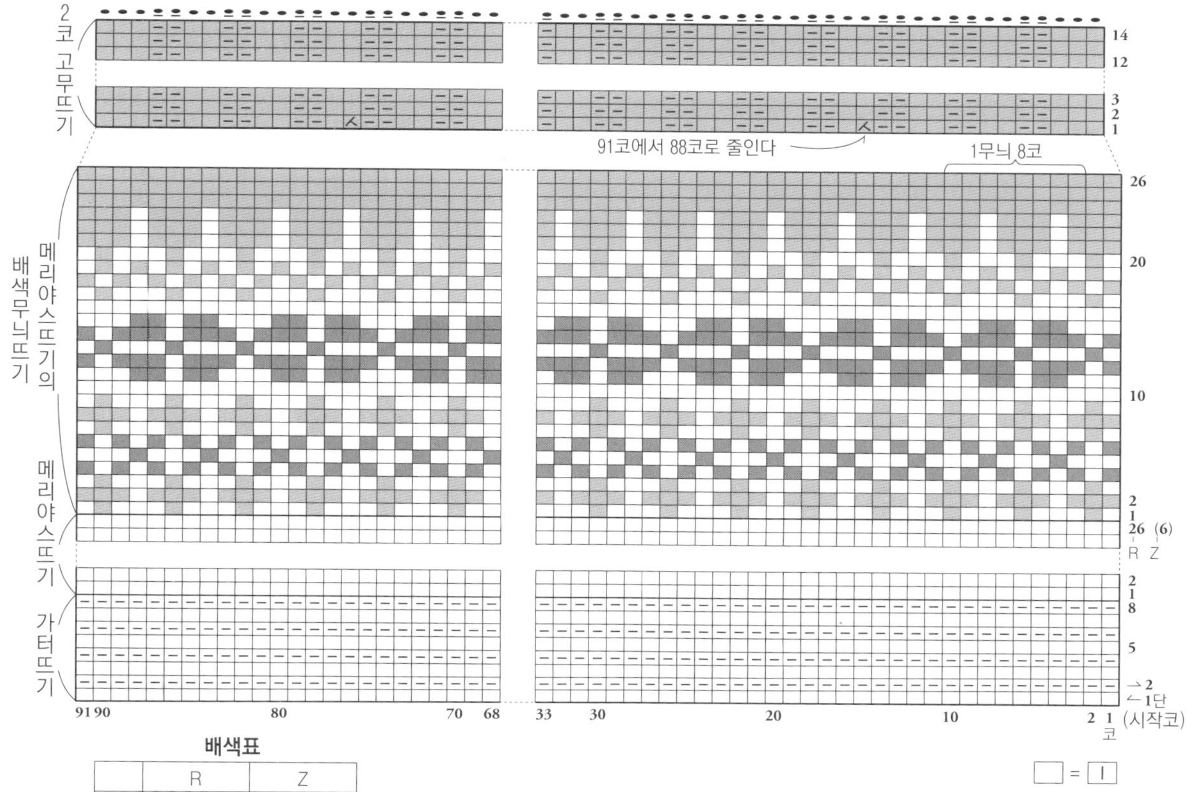

2코 고무뜨기

14
12

3
2
1

91코에서 88코로 줄인다

1무늬 8코

메리야스뜨기의 배색무늬뜨기

메리야스뜨기

가터뜨기

26
20
10
2
1
26 (6)
R Z

2
1
8
5

→2
←1단
(시작코)

91 90 · 80 · 70 68 · 33 30 · 20 · 10 · 2 1 코

배색표

	R	Z
	베이지색	짙은 갈색
	연지색	카멜색
	라이트 베이지색	물색

□ = I

R·Z의 몸판 뜨는 방법

가터뜨기

9

2
1

Z만 125코에서 111코로 줄인다(R은 증감 없이 125코로 뜬다)

메리야스뜨기의 배색무늬뜨기

메리야스뜨기

26
20
10
2
1
60 (90)
R Z

2
1
10
5

→2
←1단
(코줄기)

125 · 120 · 110 · 105 · 38 · 30 · 20 · 10 · 2 1 코 (코줄기)

84 · 80 · 71

□ = I

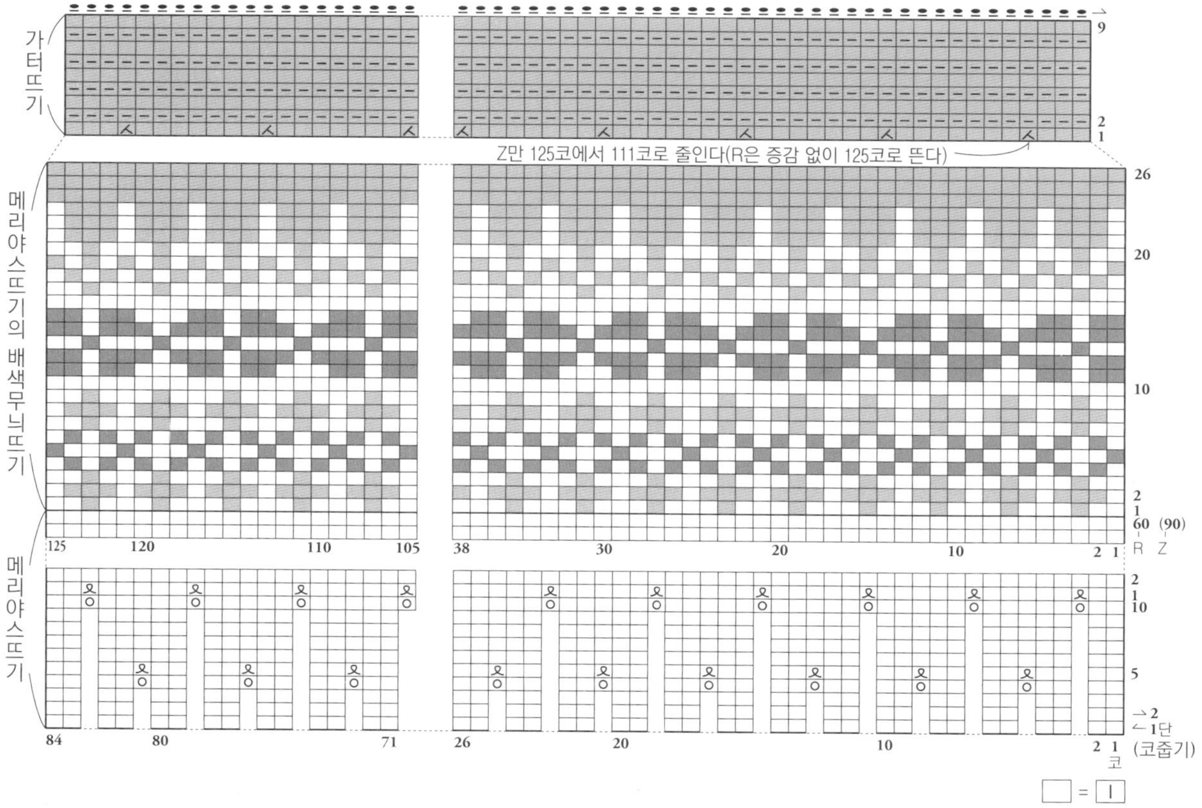

Q 챙모자 | page 29 |

실: 극태사 진회색 100g(하마나카 소노모노 로빙 95번)
용구: 코바늘 8/0호, 10/0호
게이지: 무늬뜨기 A 16코 8단 10cm²
사이즈: 머리둘레 약 50cm

뜨는 방법: 실은 1가닥으로 뜬다. 머리둘레 부분은 10/0호 바늘을 사용해서 사슬뜨기로 43코의 시작코를 만들어 31단을 증감 없이 무늬뜨기 A로 뜬 뒤 실을 자른다. 머리둘레 부분의 양끝을 그림과 같이 오므린다. 8/0호 바늘로 바꾸어 머리둘레 부분에서 80코를 주워 벨트와 챙을 그림과 같이 원형으로 무늬뜨기 B를 한다.

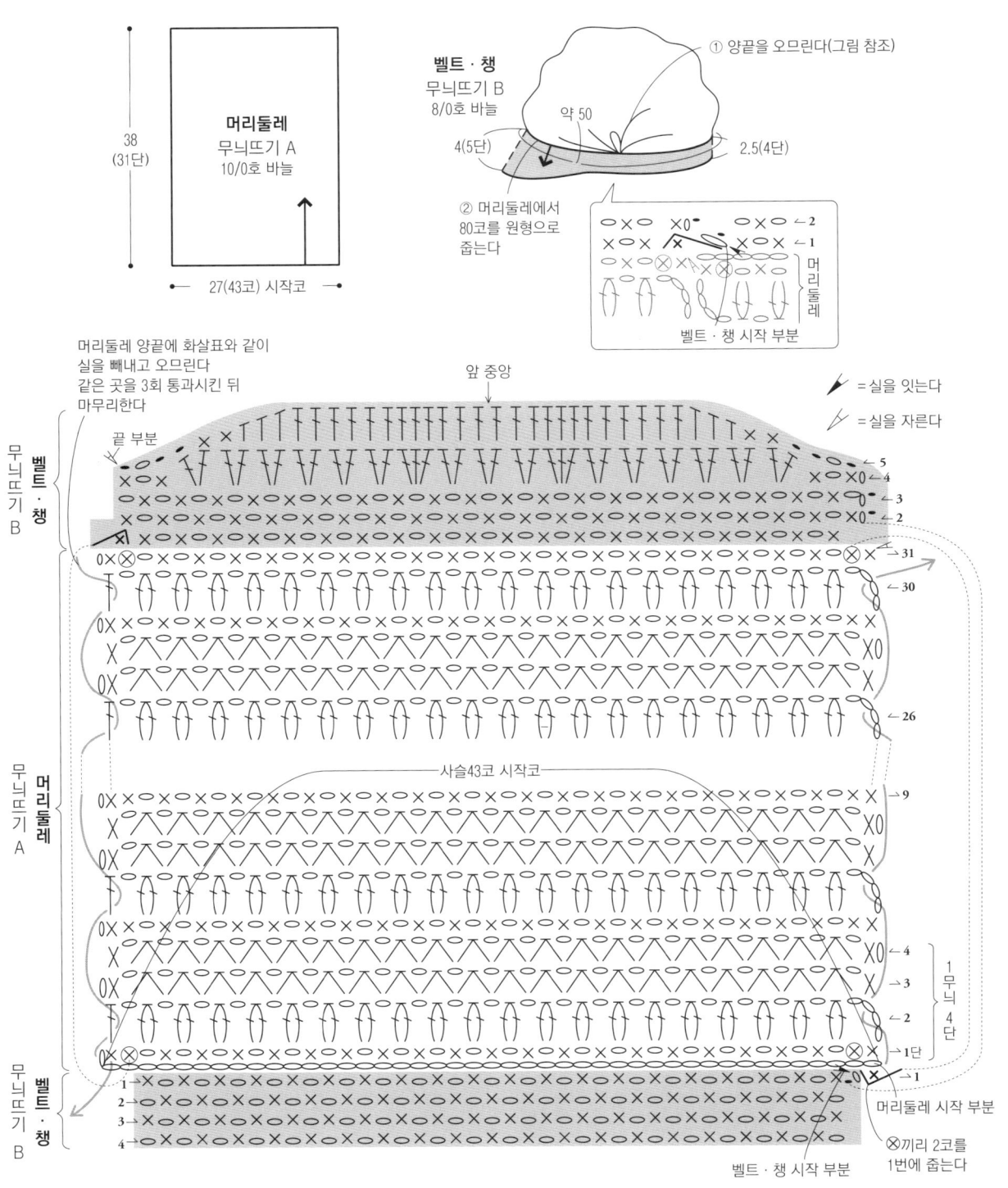

머리둘레
무늬뜨기 A
10/0호 바늘

38
(31단)

27(43코) 시작코

벨트 · 챙
무늬뜨기 B
8/0호 바늘

약 50

① 양끝을 오므린다(그림 참조)

② 머리둘레에서 80코를 원형으로 줍는다

4(5단)　　2.5(4단)

벨트 · 챙 시작 부분

머리둘레 양끝에 화살표와 같이 실을 빼내고 오므린다 같은 곳을 3회 통과시킨 뒤 마무리한다

앞 중앙

= 실을 잇는다
= 실을 자른다

끝 부분

사슬43코 시작코

무늬뜨기 B
벨트 · 챙

무늬뜨기 A
머리둘레

무늬뜨기 B
벨트 · 챙

머리둘레 시작 부분

⊗끼리 2코를 1번에 줍는다

벨트 · 챙 시작 부분

66

S 암워머 |page 31|

실: 극태사 아이보리색 70g(하마나카 퍼리시 2번)
용구: 막대바늘 10호 2개
게이지: 1코 고무뜨기 17코 22단 10㎠
사이즈: 손바닥 둘레 21㎝, 길이 25㎝

뜨는 방법: 실은 1가닥으로 뜬다. 손가락에 실을 거는 방법으로 37코의 시작코를 만들어 1코 고무뜨기로 뜬다. 끝 부분은 이전 단과 같은 기호로 덮어씌워 코막음한다. 양끝을 맞대고 엄지손가락 구멍을 만들면서 끝의 1코씩을 감침질한다. 같은 모양을 2장 뜬다.

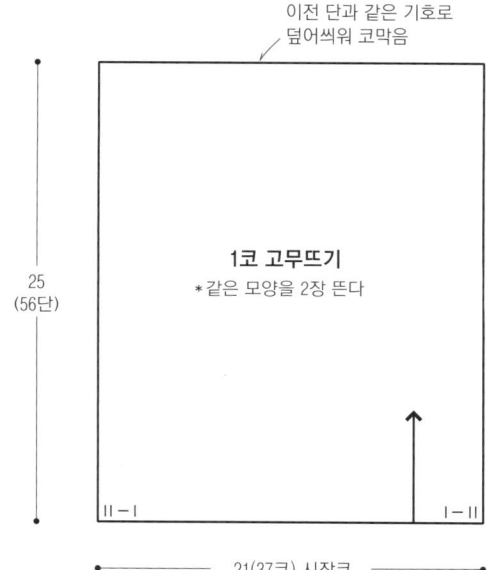

이전 단과 같은 기호로
덮어씌워 코막음

25
(56단)

1코 고무뜨기
＊같은 모양을 2장 뜬다

‖—│   │—‖

21(37코) 시작코

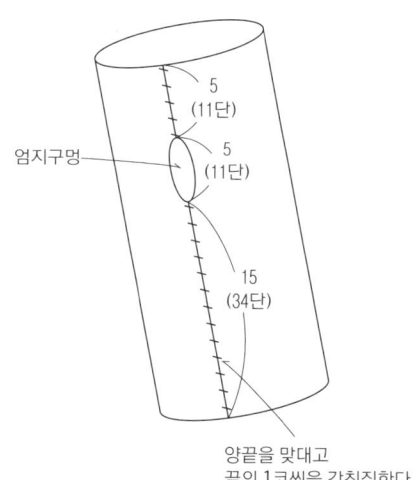

5
(11단)

엄지구멍

5
(11단)

15
(34단)

양끝을 맞대고
끝의 1코씩을 감침질한다

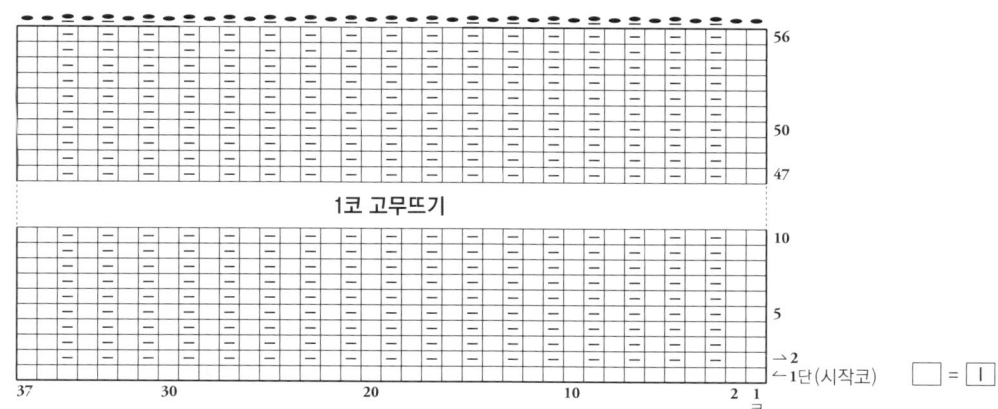

1코 고무뜨기

□ = │ │

T 스누드 & 볼레로 |page 32|

실: 초극태사 짙은 갈색 240g(하마나카 그랜드에토프 106번)
용구: 막대바늘 8mm 2개
부속 재료: 직경 2.8cm 단추 5개
게이지: 1코 고무뜨기 12.5코 13단 10cm²
사이즈: 폭 30cm, 길이 160cm(원형으로 하기 전 사이즈)

뜨는 방법: 실은 1가닥으로 뜬다. 손가락에 실을 거는 방법으로 37코의 시작코를 만들어 1코 고무뜨기로 단춧구멍을 내면서 뜬다. 끝 부분은 이전 단과 같은 기호로 덮어씌워 코막음한다. 시작과 끝 부분을 맞대고 감침질한다. 단추를 단다.

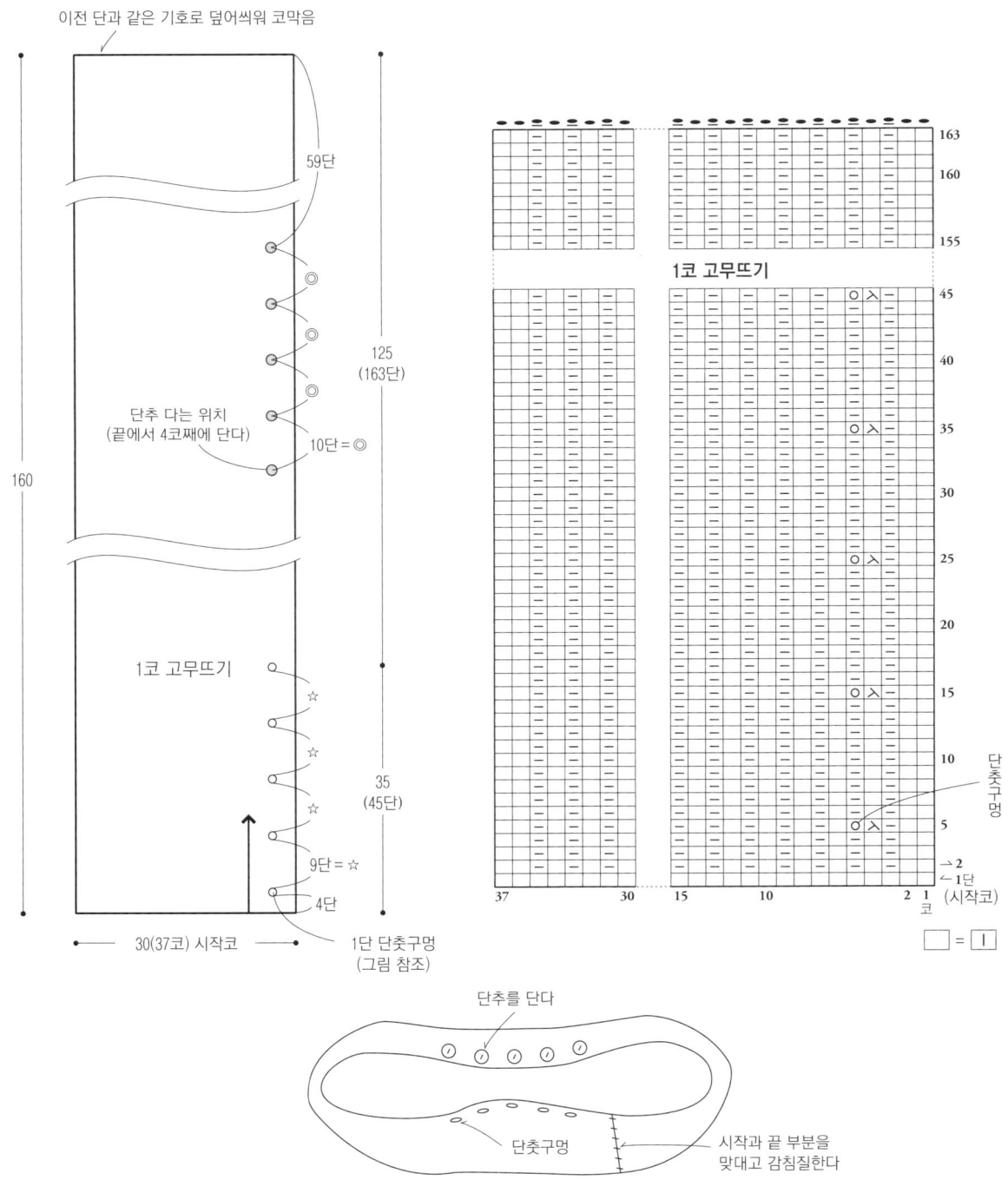

□ = ▯

p.34 왼쪽부터 a, b, p.35를 c 로 한다.

실: 초극태사 a 감색 계열, b 녹색 계열, c 적색 계열 각 200g
(리치모어 토네이도 9번, 4번, 7번)

용구: 코바늘 8mm

게이지: 짧은뜨기 10코 10단 10cm²

사이즈: 폭 42cm, 깊이 26cm

뜨는 방법: 실은 1가닥으로 뜬다. 사슬뜨기로 20코의 시작코를 만들어 짧은뜨기로 20코를 뜬다. 계속해서 그림과 같이 원형으로 뜨는데, 도중에 손잡이 구멍을 만들면서 뜬다. 29단째는 실을 자르지 않고 둔다. 맨 마지막 3단 분을 안쪽으로 접어 넣고 30째의 빼뜨기로 23단째에 고정시킨다.

29단째 끝 부분은 실을 끊지 않고 바늘을 빼고, 3단 분을 안쪽으로 접어 넣고 23단 째 첫째 코에 바늘을 넣어 29단 째 첫째 코를 빼낸다 (☆)
계속해서 23째 단과 29째 단에 함께 바늘을 넣어 빼뜨기 잇기로 1바퀴를 뜬다

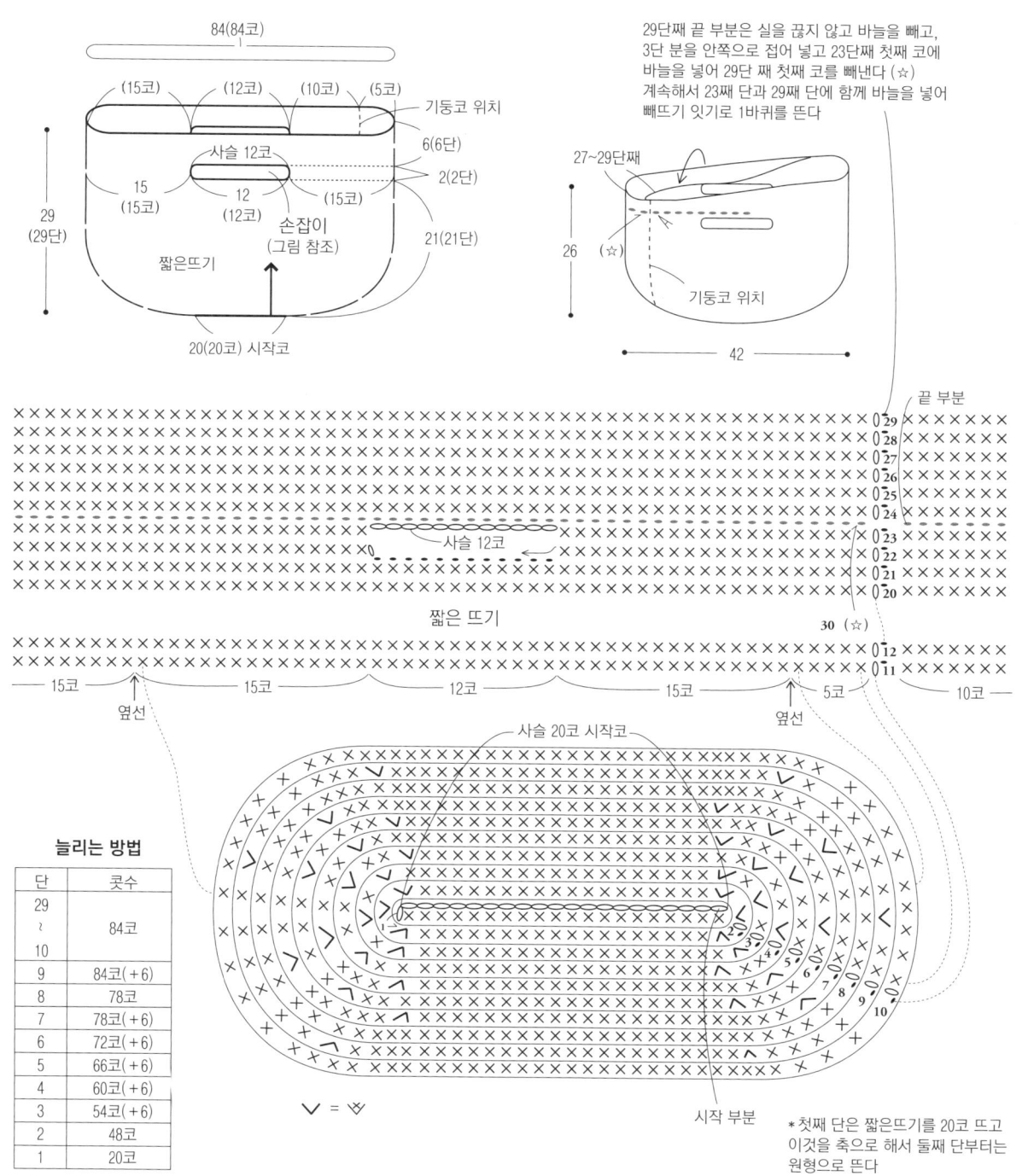

늘리는 방법

단	콧수
29 ~ 10	84코
9	84코(+6)
8	78코
7	78코(+6)
6	72코(+6)
5	66코(+6)
4	60코(+6)
3	54코(+6)
2	48코
1	20코

∨ = ∨ (증1코)

시작 부분

*첫째 단은 짧은뜨기를 20코 뜨고 이것을 축으로 해서 둘째 단부터는 원형으로 뜬다

V 코트 |page 35|

실: 극태사 갈색 970g(하마나카 소노모노 로빙 93번)
극태사 갈색 80g(하마나카 퍼리시 4번)
용구: 막대바늘 12호 2개, 코바늘 7/0호
부속 재료: 직경 2.5cm 단추 5개
게이지: 무늬뜨기 23코 21단 10cm²
메리야스뜨기 16.5코 20단 10cm²
사이즈: 가슴 폭 49cm, 옷 길이 81cm

뜨는 방법: 실은 1가닥으로 뜨고 지정된 것 외에는 12호 대바늘과 소노모노(울 혼방)실로 뜬다. 뒤판과 소매는 퍼리시(나일론) 실로 손가락에 실을 거는 방법으로 시작코를 만들어 2코 고무뜨기로 뜨고, 실을 소노모노 실로 바꾸어 무늬뜨기로 증감하면서 뜬다. 끝 부분은 덮어씌우기로 코막음한다. 앞판은 지정된 실로 2코 고무뜨기와 가터뜨기, 무늬뜨기로 뜬다. 끝 부분은 덮어씌우기로 코막음한다. 래글런 라인을 떠서 꿰매기로 연결한 뒤, 옆선과 소매 아래쪽 솔기 부분도 떠서 꿰매기로 연결한다. 후드는 앞판. 뒤판 소매에서 코를 주워 메리야스뜨기로 뜬다. 끝 부분은 쉼코로 두고, 빼뜨기 잇기로 연결한다. 후드 가장자리는 퍼리시 실로 코를 주워 가터뜨기로 뜬다. 7/0호 바늘로 오른쪽 앞판에 고리를 떠서 붙이고, 왼쪽 앞판에는 단추를 단다.

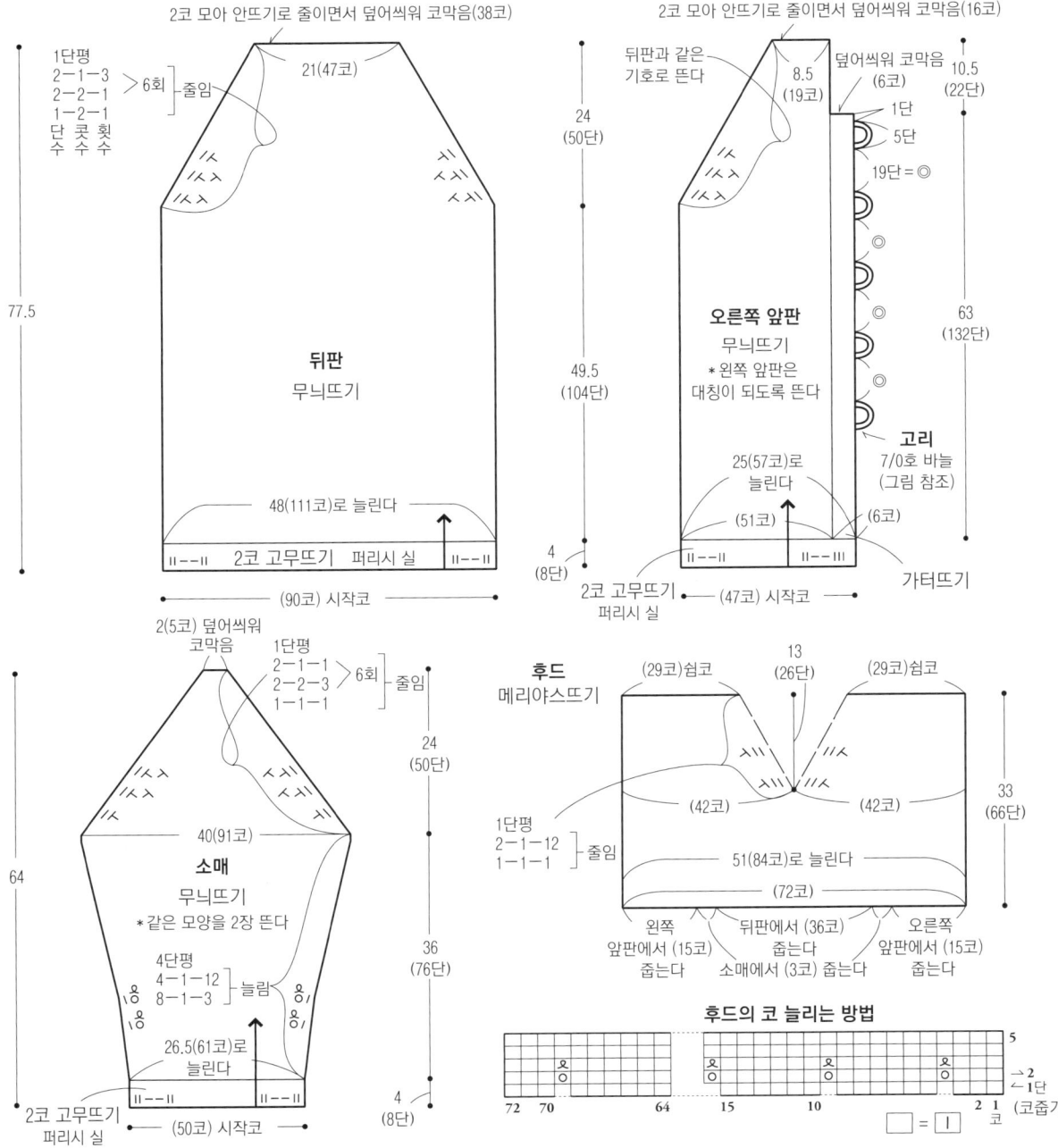

70

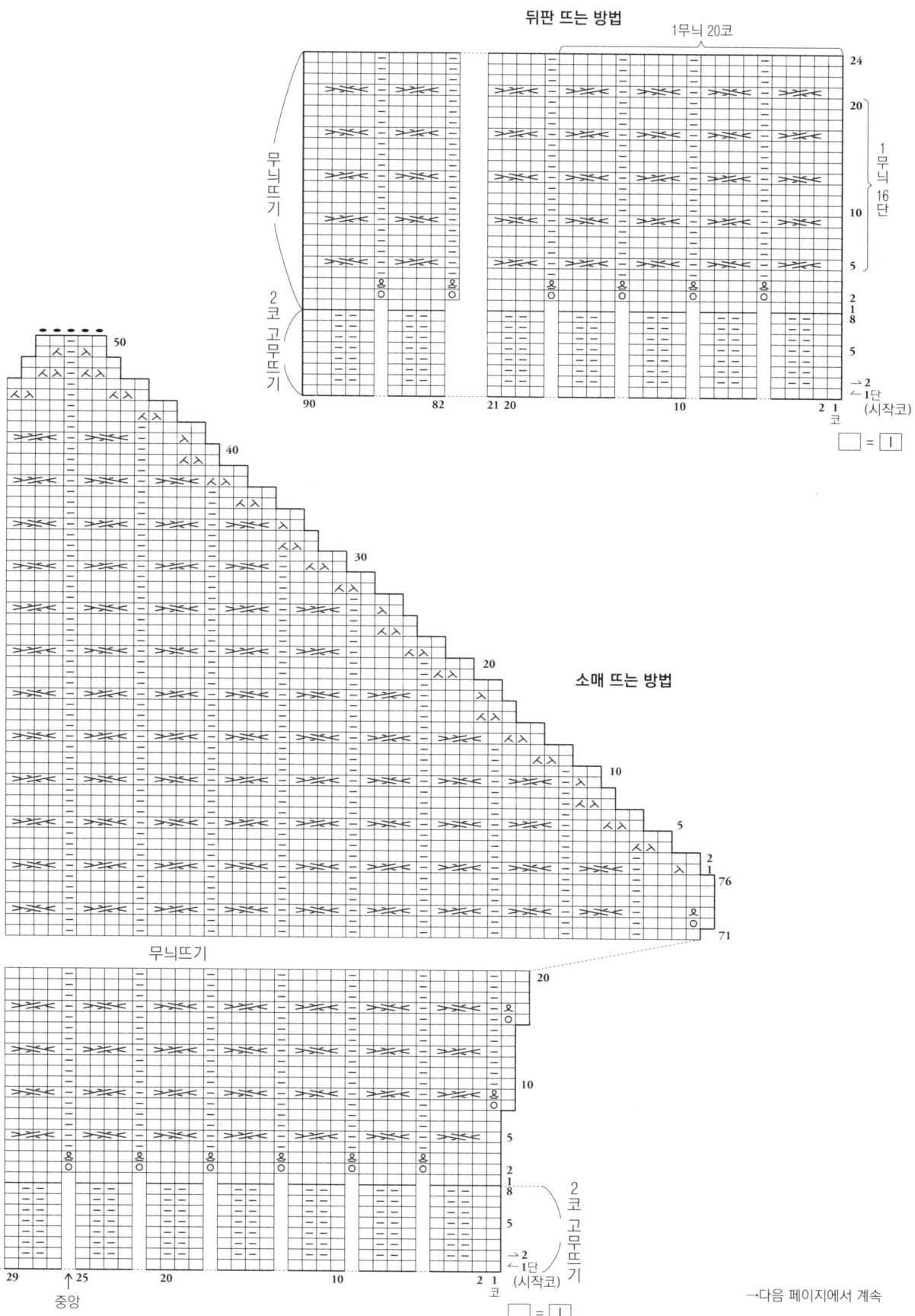

뒤판 뜨는 방법

1무늬 20코

무늬뜨기

2코 고무뜨기

1무늬 16단

2 1 8
5
→2
←1단 (시작코)
1코

90   82   21 20   10   2 1

□ = |

소매 뜨는 방법

무늬뜨기

2코 고무뜨기

중앙

→2
←1단 (시작코)
1코

29   25   20   10   2 1

□ = |

→다음 페이지에서 계속

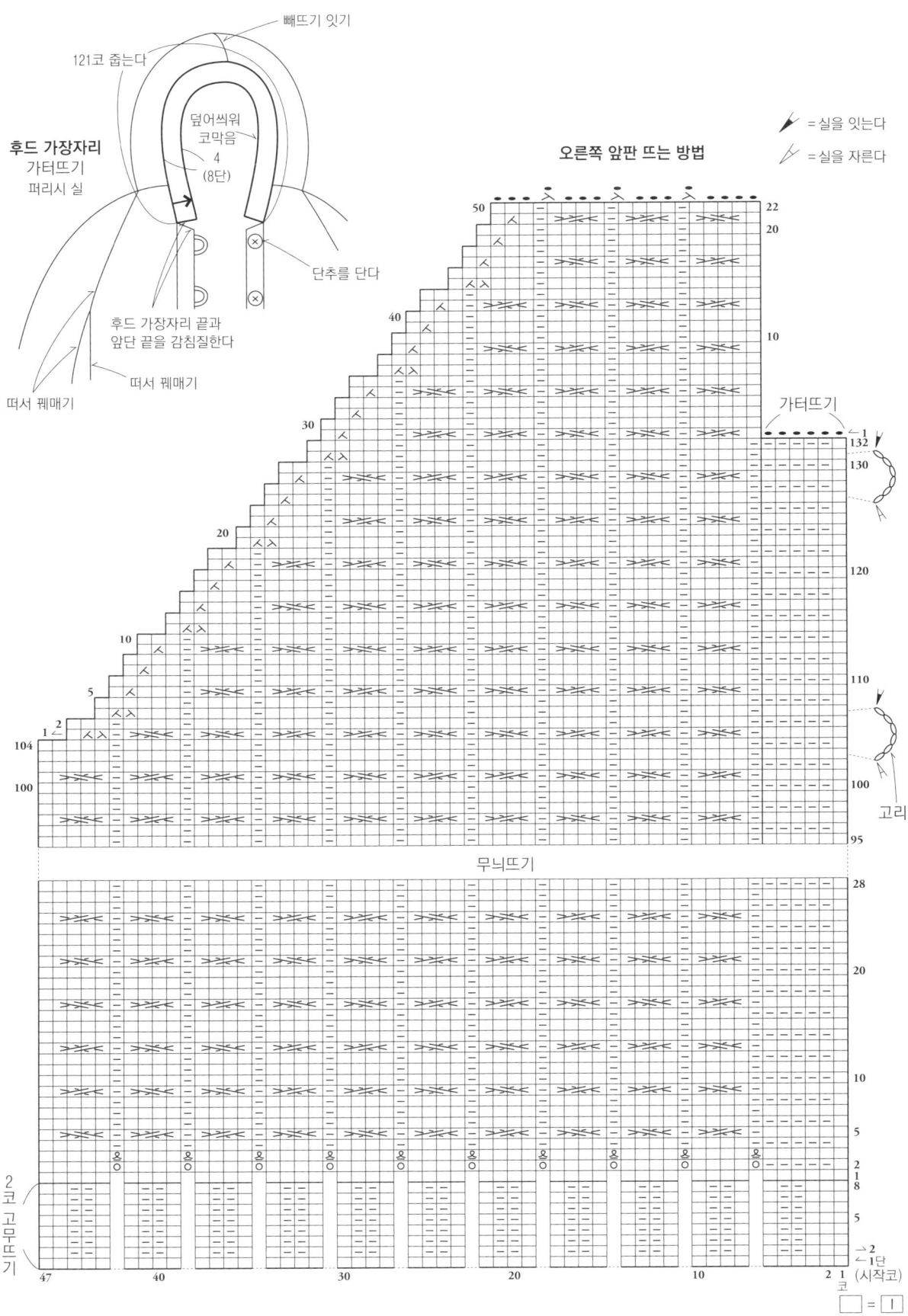

빼뜨기 잇기

121코 줍는다

후드 가장자리
가터뜨기
퍼리시 실

덮어씌워
코막음
4
(8단)

단추를 단다

후드 가장자리 끝과
앞단 끝을 감침질한다

떠서 꿰매기

떠서 꿰매기

= 실을 잇는다

= 실을 자른다

오른쪽 앞판 뜨는 방법

가터뜨기

고리

무늬뜨기

2
코
고
무
뜨
기

47   40   30   20   10   2 1 (시작코)
코

←2
←1단

□ = ꟾ

X 볼레로 | page 38 |

실: 병태사 연한 갈색 380g(하마나카 오가닉울 미드필드 107번)

용구: 줄바늘 8호, 코바늘 6/0호

　　　※ 줄바늘로 왕복뜨기를 한다

부속 재료: 직경 2.5cm 단추 1개

게이지: 무늬뜨기 A　27코 28단 10cm²

　　　　　무늬뜨기 B　19코 36.5단 10cm²

사이즈: 옷 길이 49.5cm

뜨는 방법: 실은 1가닥으로 뜨고, 지정된 것 외에는 8호 줄바늘로 뜬다. 손가락에 실을 거는 방법으로 244코의 시작코를 만들어 무늬뜨기 A를 증감 없이 80단 뜬다. 계속해서 무늬뜨기 B는 1단째에서 177코로 코를 줄이고 증감 없이 77단을 뜬다. 끝 부분은 안쪽을 보면서 겉뜨기로 덮어씌워 코막음한다. 무늬뜨기 A 부분을 안쪽으로 접어 그림과 같이 감침질로 소맷부리를 만든다. 6/0호 바늘로 고리를 만들어 붙이고 단추를 단다.

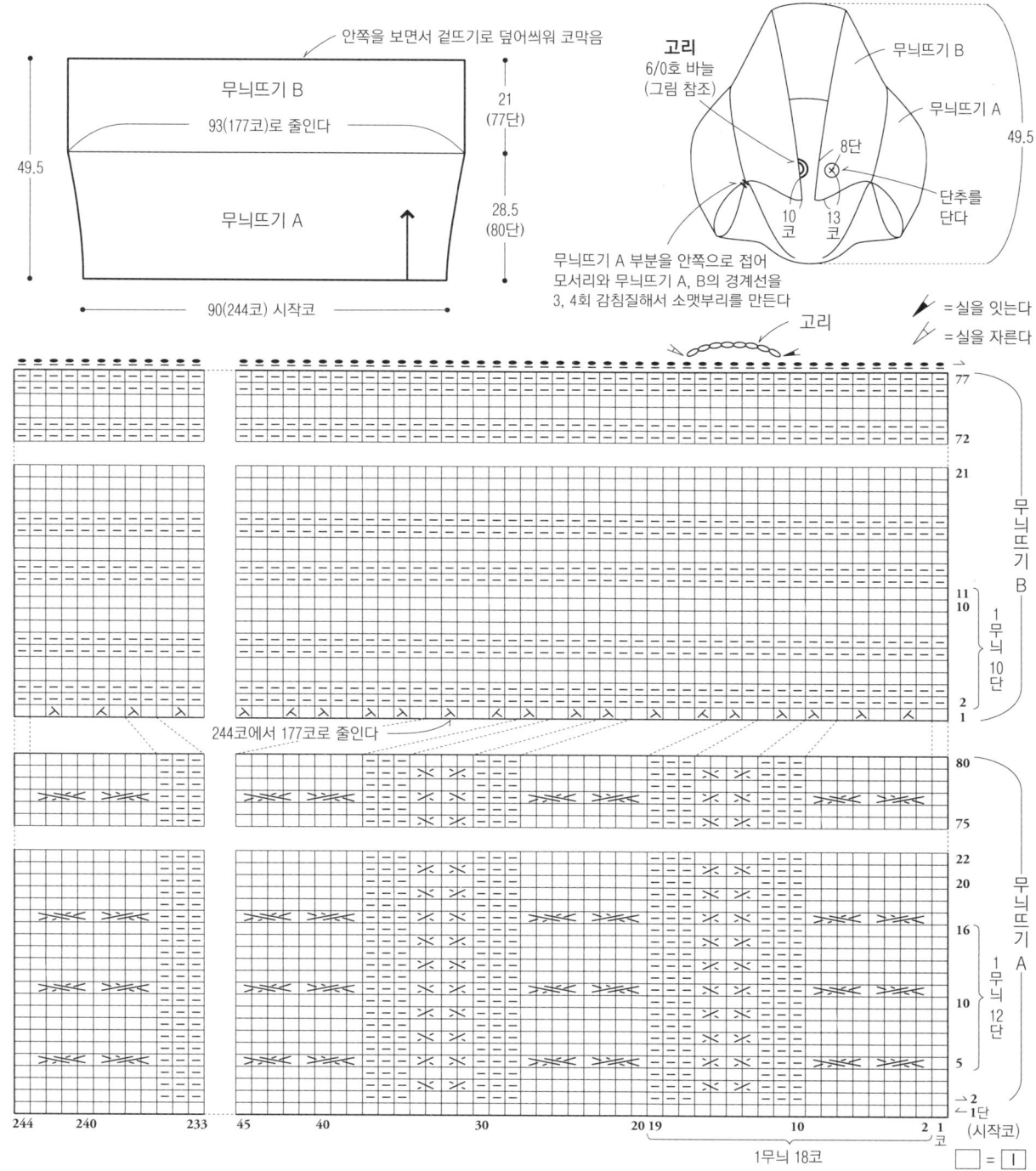

73

W 스톨 & 베스트 | page 36 |

실: 합태사 잉크블루 670g (하마나카 엑시드울 FL 226번)

용구: 코바늘 8/0호

게이지: 무늬뜨기 16.5코 20단 10㎠

사이즈: 폭 66㎝, 길이 126.5㎝

뜨는 방법: 실은 1가닥으로 뜬다. 사슬뜨기로 109코의 시작코를 만들어 그림과 같이 무늬뜨기로 증감 없이 뜨는데, 도중에 2군데에서 진동둘레를 만들면서 뜬다. 뒤판에서 진동둘레 주위를 빼뜨기로 1바퀴 뜬다.

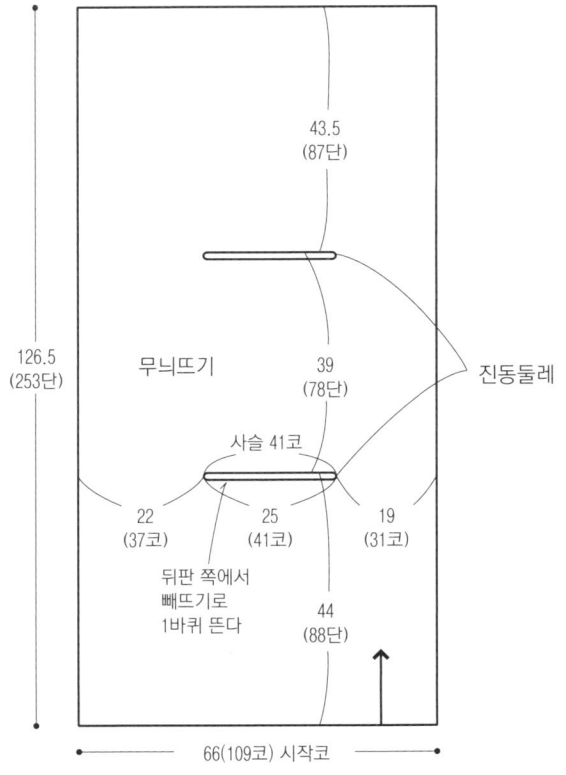

126.5 (253단)

무늬뜨기

43.5 (87단)

39 (78단)

진동둘레

사슬 41코

22 (37코) 25 (41코) 19 (31코)

뒤판 쪽에서 빼뜨기로 1바퀴 뜬다

44 (88단)

66(109코) 시작코

무늬뜨기의 기호도

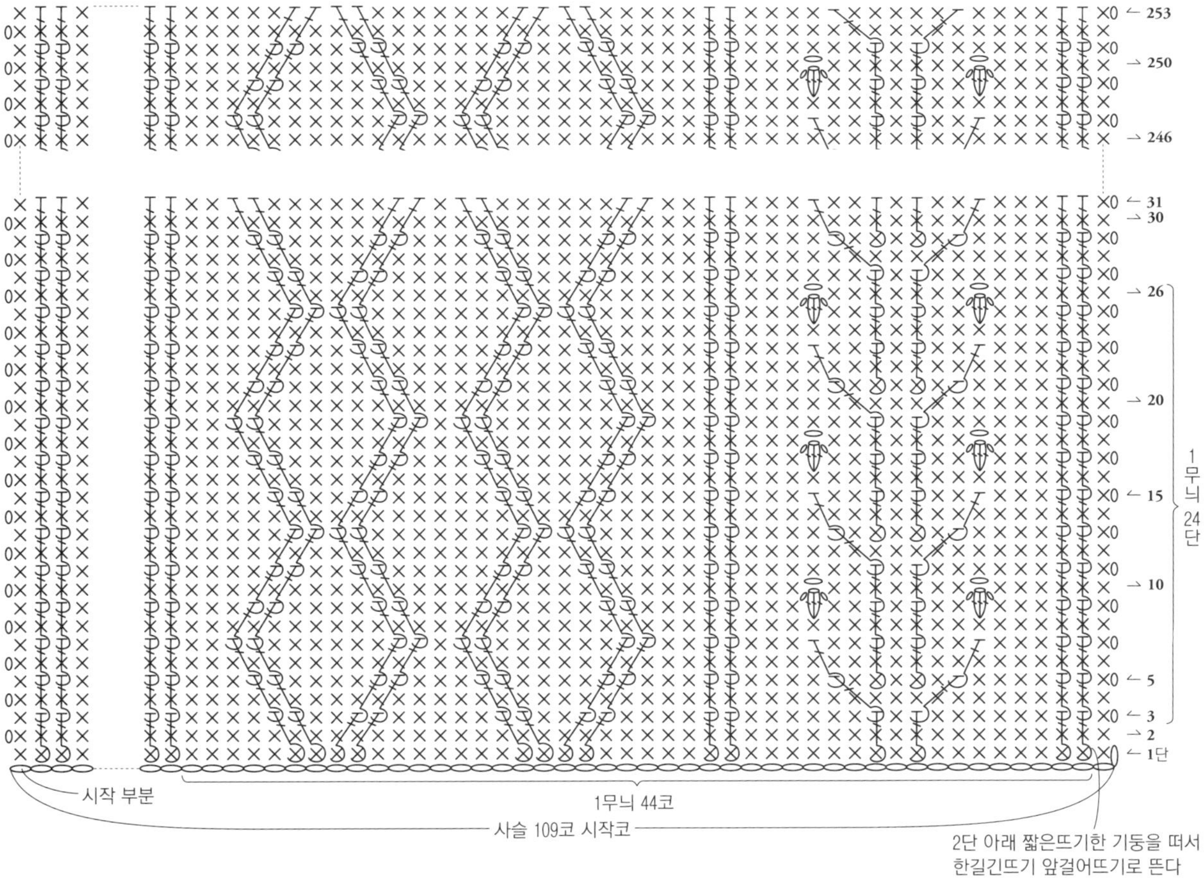

→ 253

→ 250

→ 246

→ 31
→ 30

→ 26

→ 20

→ 15

→ 10

← 5

← 3
← 2
← 1단

1무늬 24단

시작 부분

1무늬 44코

사슬 109코 시작코

2단 아래 짧은뜨기한 기둥을 떠서
한길긴뜨기 앞걸어뜨기로 뜬다

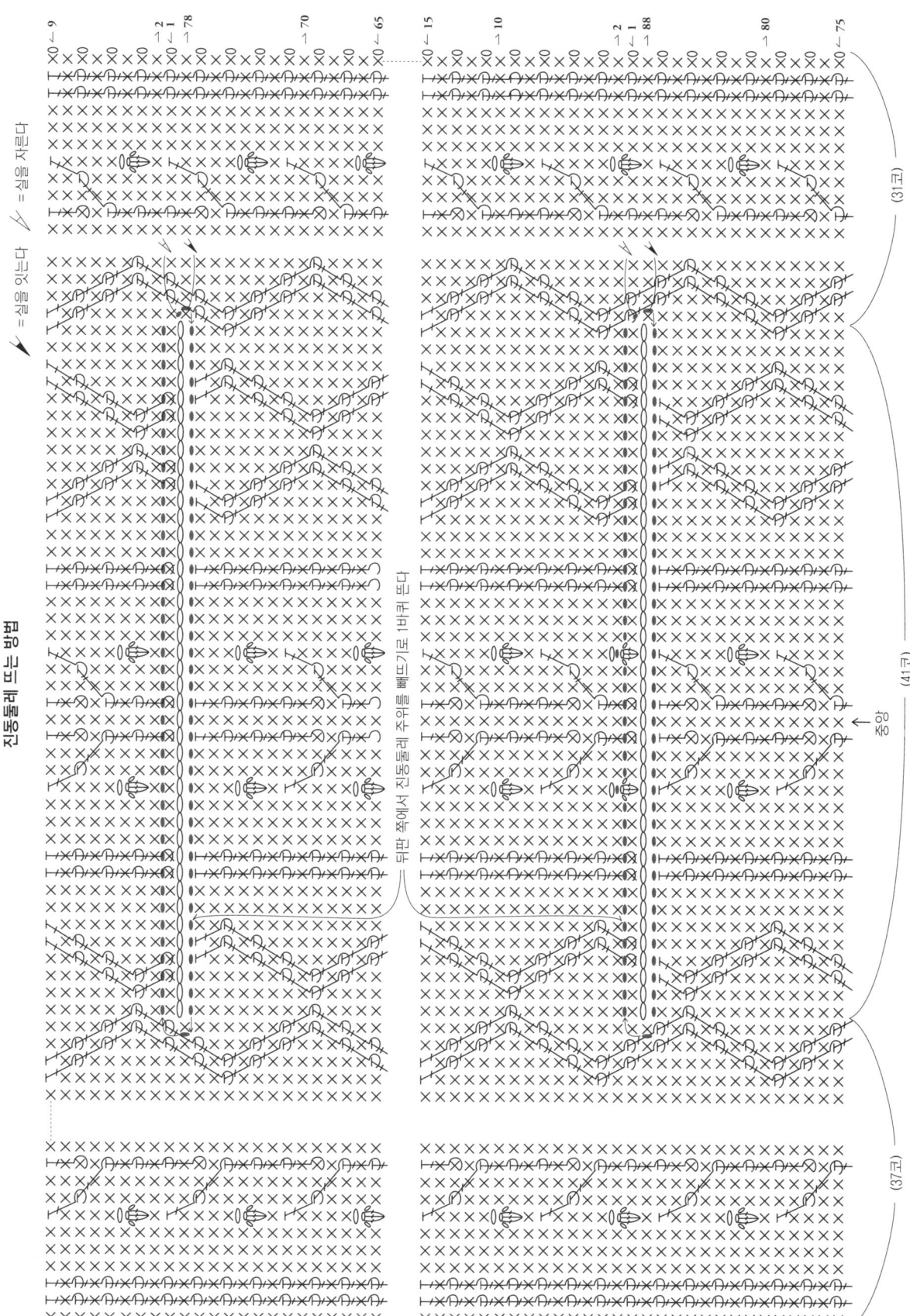

진동둘레 뜨는 방법

/ =실을 걸는다 / =실을 자른다

▶ =실을 잇는다 / =실을 자른다

뒤판 쪽에서 진동둘레 주위를 빼뜨기로 1바퀴 뜬다

(31코)

(41코)

(37코)

← 중앙

Y 미니 스톨 |page 39|

실: 중세사 그레이베이지 25g(하마나카 소노모노 수리 알파카 82번)
용구: 코바늘 4/0호
게이지: 무늬뜨기 1무늬 2.4cm, 16단 10cm
사이즈: 폭 50cm, 길이 13cm

뜨는 방법: 실은 1가닥으로 뜬다. 사슬뜨기로 1코의 시작코를 만들어 그림처럼 무늬뜨기로 코를 늘려가면서 21단을 뜨는데 21단째 마지막에서 고리를 만든다.

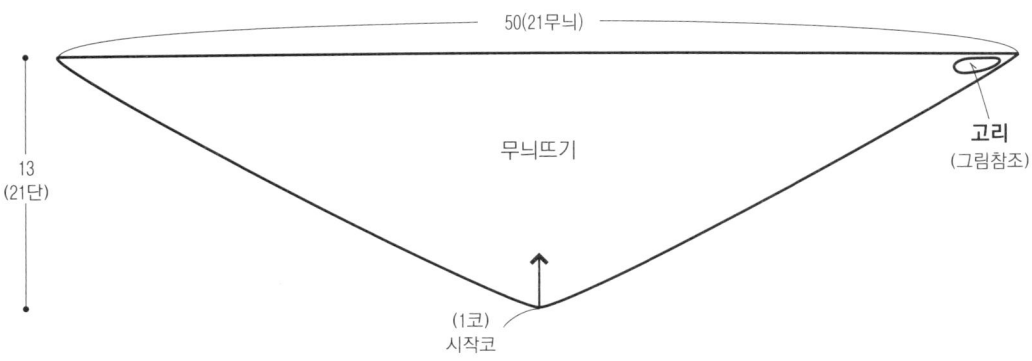

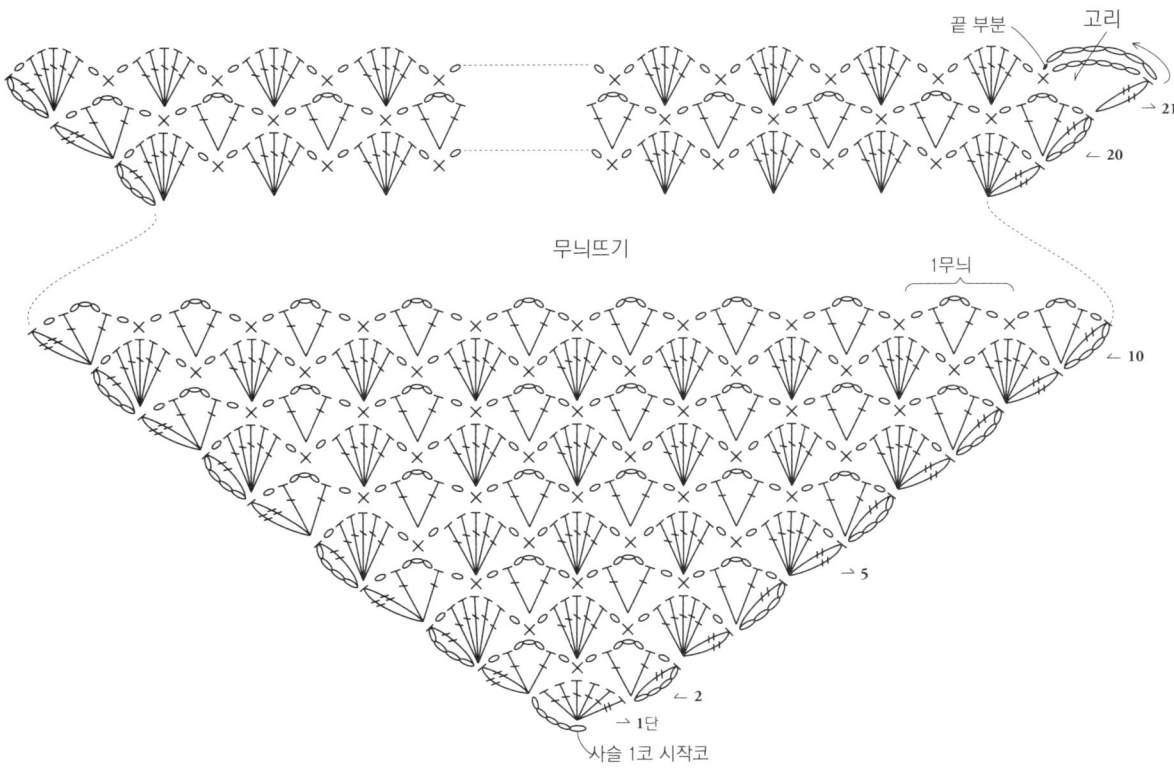

■ 뜨개질의 기초 〈대바늘뜨기〉

〈대바늘뜨기의 기초〉

도안 보는 법

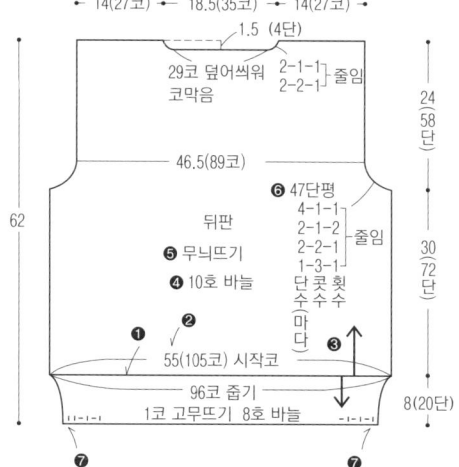

← 14(27코) → 18.5(35코) → 14(27코) →
1.5 (4단)
29코 덮어씌워
코막음
2-1-1
2-2-1 } 줄임
24(58단)
46.5(89코)
❻ 47단평
4-1-1
2-1-2
2-2-1 } 줄임
1-3-1
단 콧 횟
수 수 수
마
다
뒤판
❺ 무늬뜨기
❹ 10호 바늘
62
❶
❷
❸
30(72단)
55(105코) 시작코
96코 줍기
1코 고무뜨기 8호 바늘
8(20단)
❼   ❼

계산

47단평
4-1-1
2-1-2
2-2-1 } 줄임
1-3-1
단 콧 횟
수 수 수

기호도로 표현한 경우

→

}47단평
} 4-1-1
} 2-1-2
} 2-1-1 } 2-1-2
} 2-1-1
} 2-2-1
} 1-3-1

늘리는 경우는 줄이는 방법과
같은 방법으로 줄임을 늘림으로 바꾼다.

❶ 시작 위치
❷ 치수(cm)
❸ 뜨는 방향
❹ 사용하는 바늘
❺ 편물 조직
❻ 계산
❼ 고무뜨기의 끝코 기호

〈시작코〉 손가락에 실을 걸어 코 만드는 방법

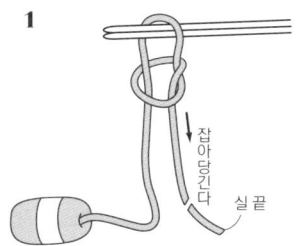
1

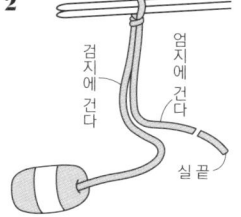
2
검지에 건다
엄지에 건다
실 끝

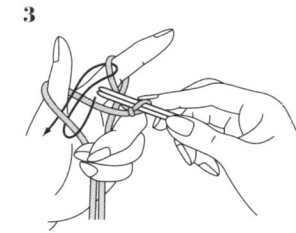
3

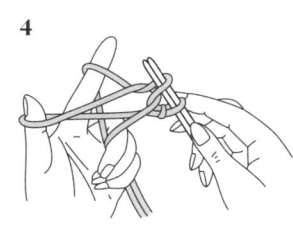
4

실 끝에서부터 뜨기를 할 치수의 약 3배 길이가
되는 곳에서 고리를 만들어 대바늘을 가지런히 하고
고리 안으로 넣는다.

고리를 조여 준다.

짧은 쪽을 왼손 엄지에, 실타래 쪽을 검지에 걸고
오른쪽 손은 고리 있는 부분을 누르면서 대바늘을
잡는다. 엄지에 걸려 있는 실을 그림처럼 떠준다.

뜨기가 끝난 모습

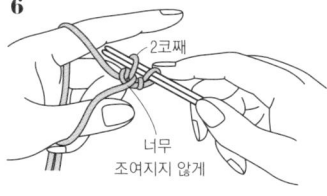
5
엄지로
짧은 쪽
실을 당겨 조인다

6
2코째
너무
조여지지 않게

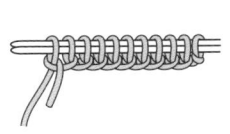
7

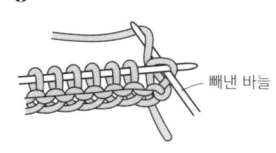
8
빼낸 바늘

엄지에 걸려 있는 실을 빼고
그 아래를 고쳐 쥐면서 매듭을 조인다.

엄지와 검지를 처음 상태로 한다.
3~6번까지 반복한다.

필요한 콧수를 만든다.
이것을 겉뜨기 1단이라고 한다.

바늘 2개 중에서 1개를 빼고
실이 있는 쪽에서 2단째를 뜬다.

〈뜨개 기호〉

|

겉뜨기

1
실을 뒤에 두고 왼쪽 코 앞에서
뒤로 바늘을 넣는다.

2
오른쪽 바늘에 실을 걸어
화살표와 같이 앞으로 끌어낸다.

3
끌어내면서 왼쪽 바늘에서
코를 뺀다.

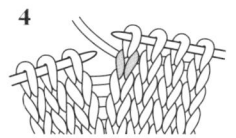
4

—

안뜨기

1
실을 앞쪽으로 두고 왼쪽 코
뒤에서 앞으로 바늘을 넣는다.

2
오른쪽 바늘에 실을 걸어
화살표와 같이 뒤로 끌어낸다.

3
끌어내면서 왼쪽 바늘에서
코를 뺀다.

4

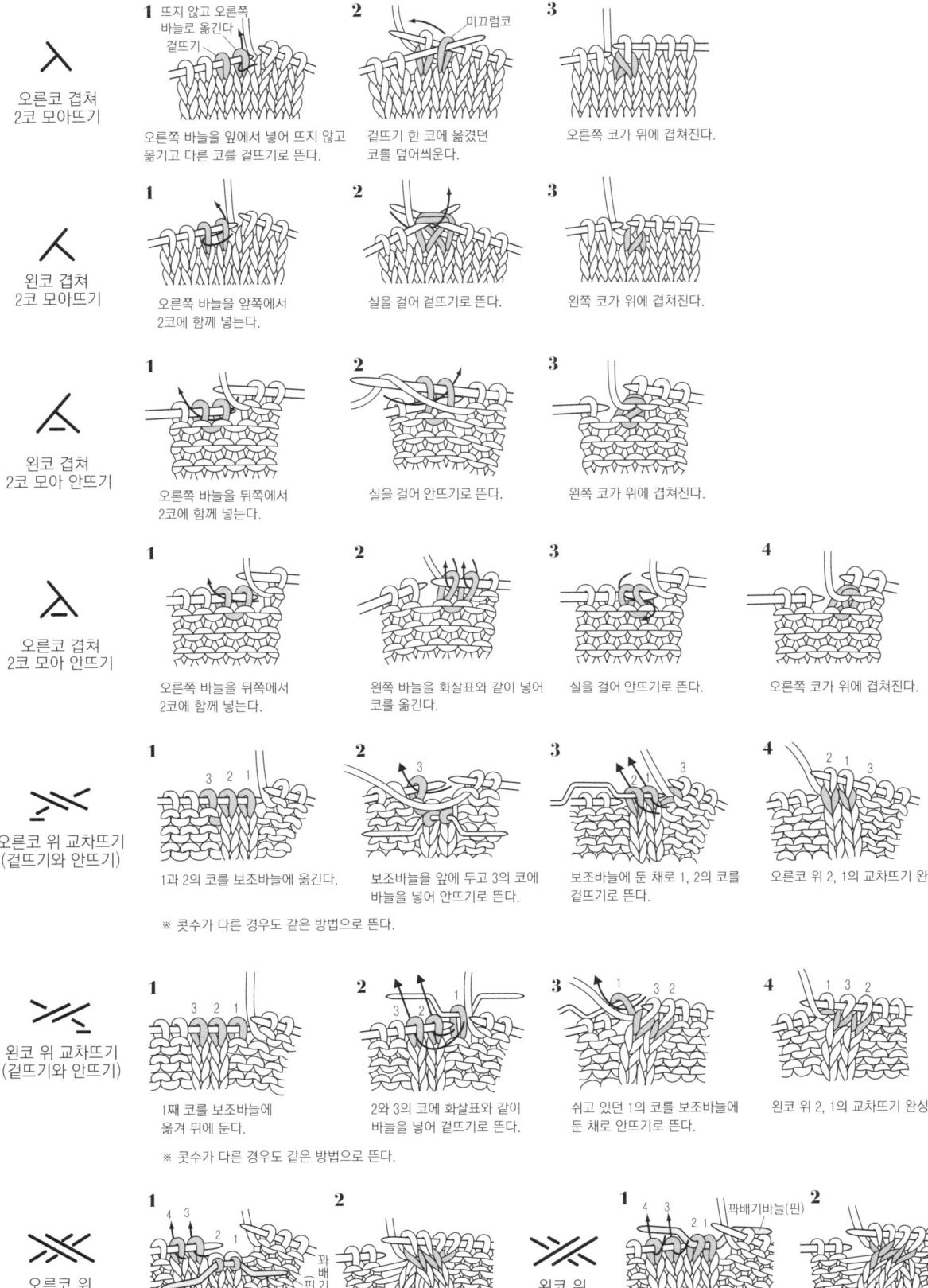

오른코 겹쳐 2코 모아뜨기

1 뜨지 않고 오른쪽 바늘로 옮긴다 / 겉뜨기
오른쪽 바늘을 앞에서 넣어 뜨지 않고 옮기고 다른 코를 겉뜨기로 뜬다.

2 미끄럼코
겉뜨기 한 코에 옮겼던 코를 덮어씌운다.

3 오른쪽 코가 위에 겹쳐진다.

왼코 겹쳐 2코 모아뜨기

1 오른쪽 바늘을 앞에서 2코에 함께 넣는다.

2 실을 걸어 겉뜨기로 뜬다.

3 왼쪽 코가 위에 겹쳐진다.

왼코 겹쳐 2코 모아 안뜨기

1 오른쪽 바늘을 뒤쪽에서 2코에 함께 넣는다.

2 실을 걸어 안뜨기로 뜬다.

3 왼쪽 코가 위에 겹쳐진다.

오른코 겹쳐 2코 모아 안뜨기

1 오른쪽 바늘을 뒤쪽에서 2코에 함께 넣는다.

2 왼쪽 바늘을 화살표와 같이 넣어 코를 옮긴다.

3 실을 걸어 안뜨기로 뜬다.

4 오른쪽 코가 위에 겹쳐진다.

오른코 위 교차뜨기 (겉뜨기와 안뜨기)

1 1과 2의 코를 보조바늘에 옮긴다.

2 보조바늘을 앞에 두고 3의 코에 바늘을 넣어 안뜨기로 뜬다.

3 보조바늘에 둔 채로 1, 2의 코를 겉뜨기로 뜬다.

4 오른코 위 2, 1의 교차뜨기 완성.

※ 콧수가 다른 경우도 같은 방법으로 뜬다.

왼코 위 교차뜨기 (겉뜨기와 안뜨기)

1 1째 코를 보조바늘에 옮겨 뒤에 둔다.

2 2와 3의 코에 화살표와 같이 바늘을 넣어 겉뜨기로 뜬다.

3 쉬고 있던 1의 코를 보조바늘에 둔 채로 안뜨기로 뜬다.

4 왼코 위 2, 1의 교차뜨기 완성.

※ 콧수가 다른 경우도 같은 방법으로 뜬다.

오른코 위 2코 교차뜨기

1 꽈배기바늘(핀)

2

3과 4의 코를 겉뜨기로 뜨고 나서 보조바늘에 옮겨 앞에서 쉬게 했던 1과 2의 코를 겉뜨기로 뜬다. 오른쪽 2코가 위로 가게 된다.

※ 콧수가 다른 경우도 같은 방법으로 뜬다.

왼코 위 2코 교차뜨기

1 꽈배기바늘(핀)

2

3과 4의 코를 겉뜨기로 뜨고 나서 보조바늘에 옮겨 뒤에서 쉬게 했던 1과 2의 코를 겉뜨기로 뜬다. 왼쪽 코가 위로 가게 된다.

※ 콧수가 다른 경우도 같은 방법으로 뜬다.

걸기코

1 앞쪽에서 건다

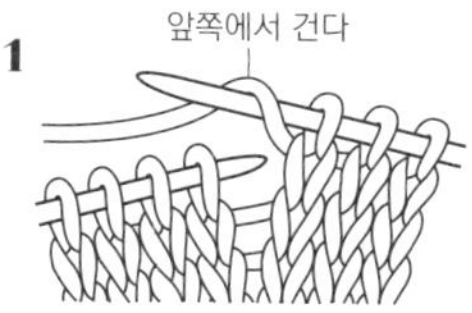

오른쪽 바늘에 실을
앞쪽에서 건다.

2

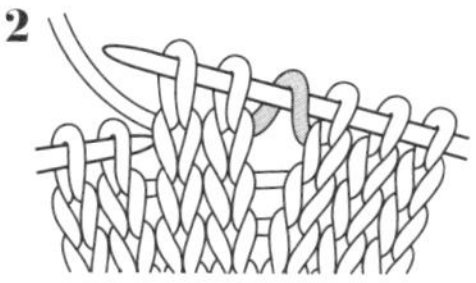

다음 코부터 뜬다.

3

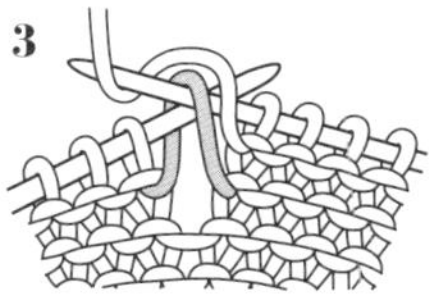

다음 단을 뜰 때 걸기코 위치에서
구멍이 생기고 1코가 늘어나게 된다.

4

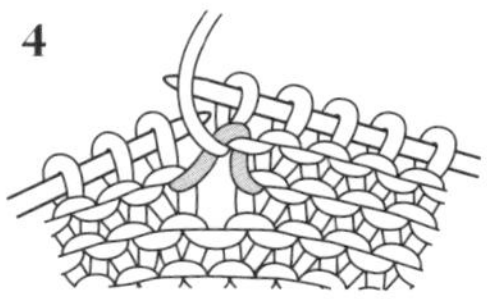

돌려뜨기
(꼬아뜨기)

1

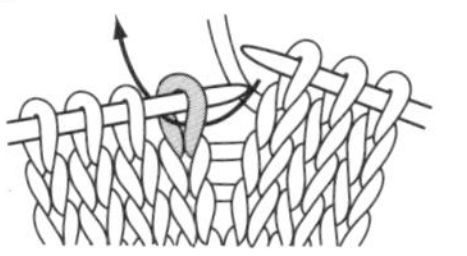

바늘을 뒤에서 넣어
겉뜨기와 같은 모양으로 뜬다.

2

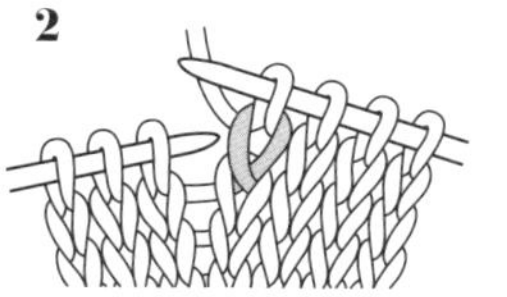

V 걸러뜨기
(미끄럼코)

1

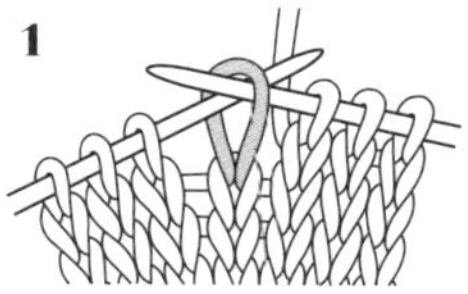

실을 뒤에 두고 오른쪽 바늘을
뒤에서 넣어 뜨지 않고 옮긴다.

2

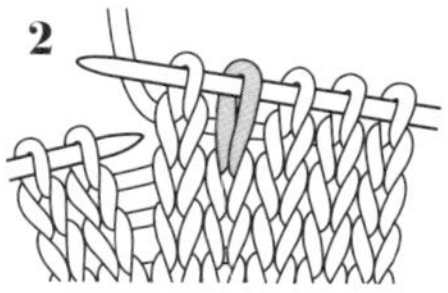

다음 코를 뜬다.

덮어씌우기

1

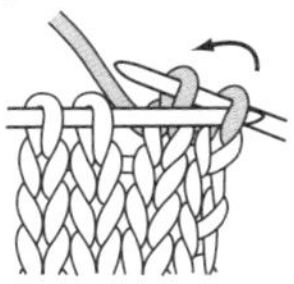

첫 2코를 겉뜨기로 뜨고,
1째 코를 2째 코에
덮어씌운다.

2

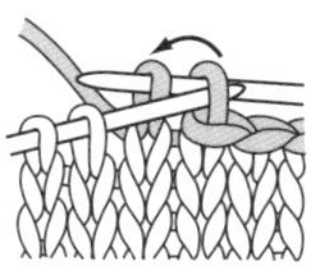

겉뜨기로 뜨고
덮어씌우기를
반복한다.

3

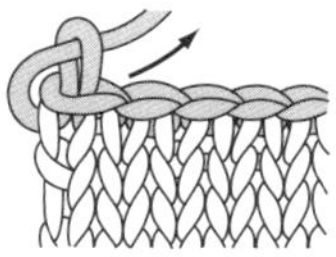

마지막에는 코 안으로
실을 넣어 잡아당긴다.

● 안뜨기의 덮어씌우기

1

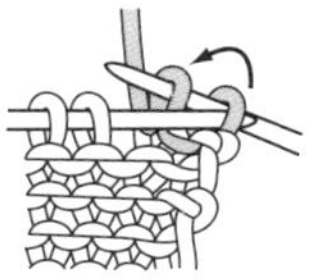

첫 2코를 겉뜨기로 뜨고
1째 코를 2째 코에
덮어씌운다.

2

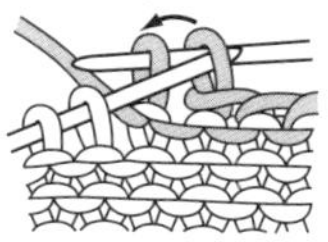

안뜨기를 뜨고
덮어씌우기를 반복한다.
마지막에는 코 안으로
실을 넣어 잡아당긴다.

〈배색 무늬뜨기의 실을 바꾸는 방법〉 안으로 실을 걸치는 방법

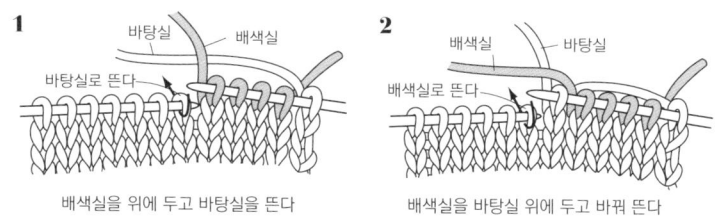

1 바탕실 배색실

바탕실로 뜬다

배색실을 위에 두고 바탕실을 뜬다

2 배색실 바탕실

배색실로 뜬다

배색실을 바탕실 위에 두고 바꿔 뜬다

〈안에 걸치는 실이 길 때〉 안에 실이 4~5코 이상 걸칠 때 걸친 실을 처리하는 방법

1 안에 걸친 실(B실) 뜨는 실(A실)

2 B실 A실

뜨는 실(A실)을 위에 두고 뜬다.

3 A실 B실

2~3코마다 안에 걸친 실(B실)을 위에 두고
A실로 뜬다.

〈잇기・꿰매기〉

빼뜨기 잇기

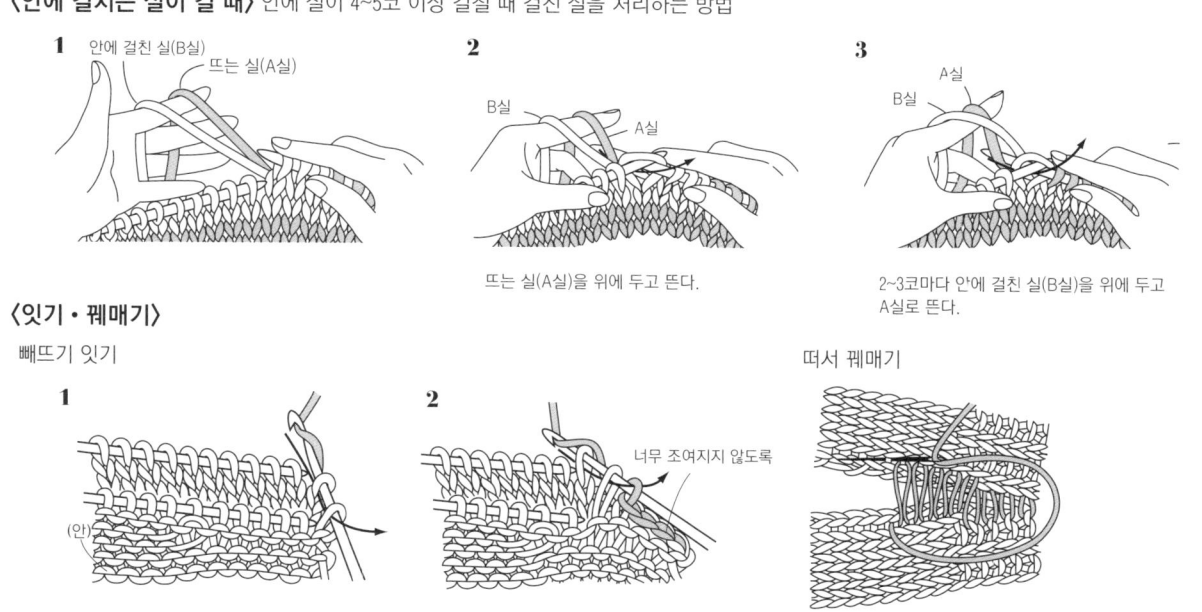

1 (안)

2 너무 조여지지 않도록

어깨를 잇는 방법으로 자주 쓰인다. 편물을 겉끼리 맞대고 코바늘로
1코씩 잡고 빼뜨기 잇기를 한다.

떠서 꿰매기

2장의 편물 사이를 교대로 실을 건네며 1코씩 뜬다.

〈되돌아뜨기〉 2단마다 뜨는 되돌아뜨기

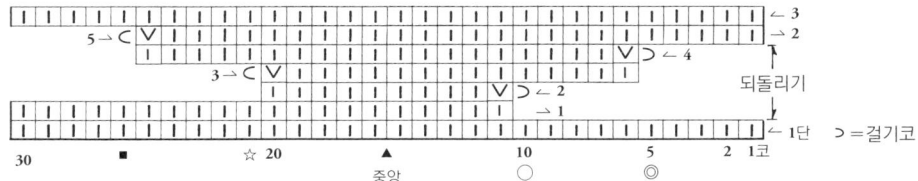

1

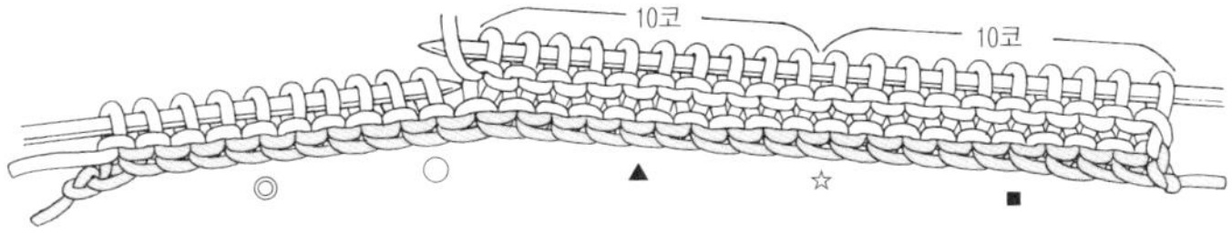

되돌아뜨기 1단 째(안을 보며 뜨는 단).
첫 코부터 ○표시(20째 코)까지 떠간다.

2

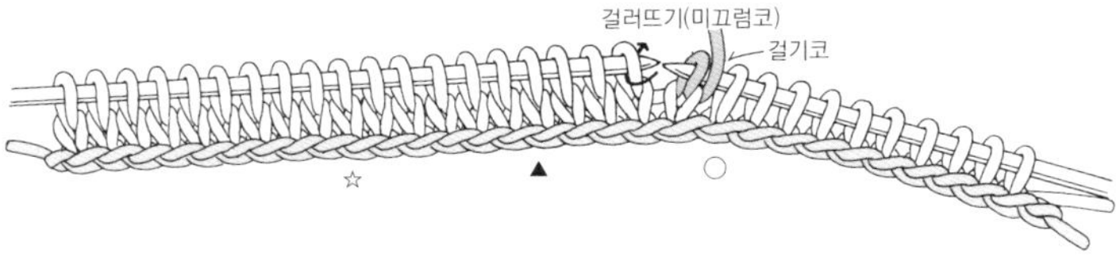

걸러뜨기(미끄럼코)
걸기코

2단째(겉을 보며 뜨는 단).
겉으로 돌려 걸기코를 하고 첫 코를
걸러뜨기(미끄럼코)로 한다.

3

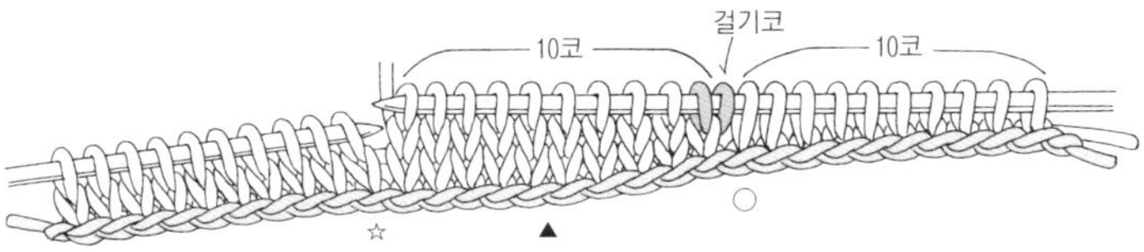

10코   걸기코   10코

☆ 표시 전까지 뜬다.

4

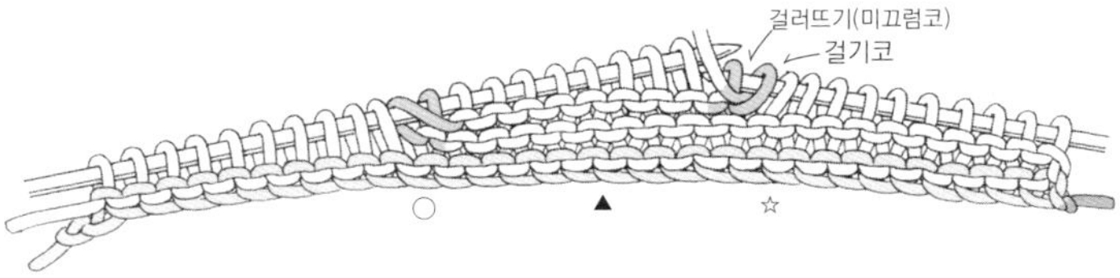

걸러뜨기(미끄럼코)
걸기코

3단째(안을 보며 뜬 단).
안으로 돌려 걸기코를 하고 실을 앞에 두고
첫 코를 걸러뜨기(미끄럼코)로 한다.

5

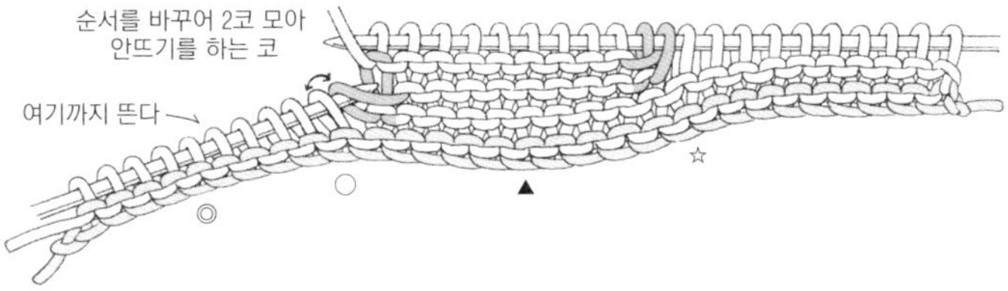

순서를 바꾸어 2코 모아
안뜨기를 하는 코

여기까지 뜬다 →

○표시 전까지 안뜨기로 뜬다.
다음 코를 이전 단의 걸기코와 순서를 바꾸어
2코에 모아 안뜨기로 뜬다.
◎표시 전까지 안뜨기로 뜬다.

6

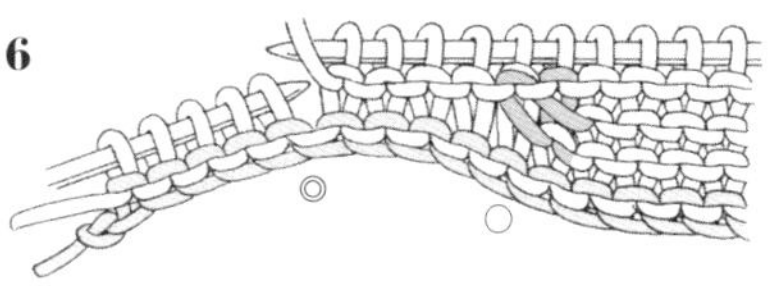

3단째 끝 부분

7

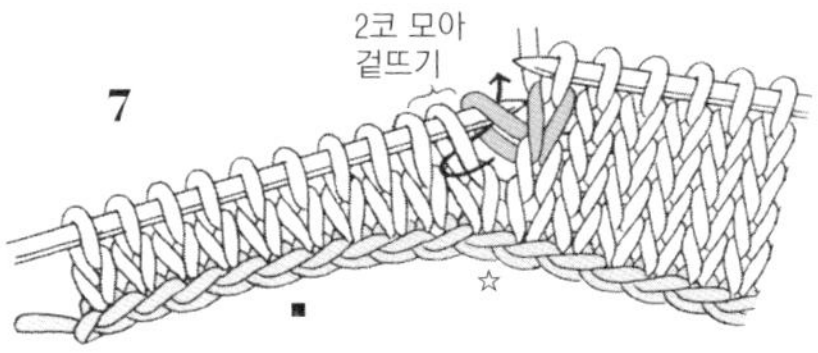

2코 모아
겉뜨기

4단째 (겉뜨기). 겉으로 돌려
2,3과 같은 방법으로 ☆표시 전까지
겉뜨기로 뜨고, 다음 코를 걸기코와
2코 모아뜨기로 한다.
■표시 전까지 겉뜨기로 뜬다.

8

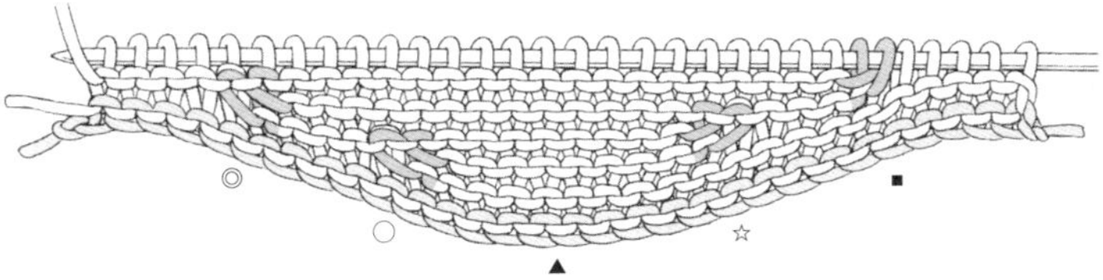

5단째 (되돌아뜨기 2단째).
4,5와 같은 방법으로 ◎표시 위치에서
다음 코를 걸기코와 2코 모아 안뜨기를 한 후
끝까지 뜬다. 다음 단은 7과 같은 방법으로
■표시 위치에서 2코 모아뜨기를 한 후
끝까지 뜬다.

■ 뜨개질의 기초 〈코바늘뜨기〉

〈시작코 만들기〉

시작코 만드는 방법

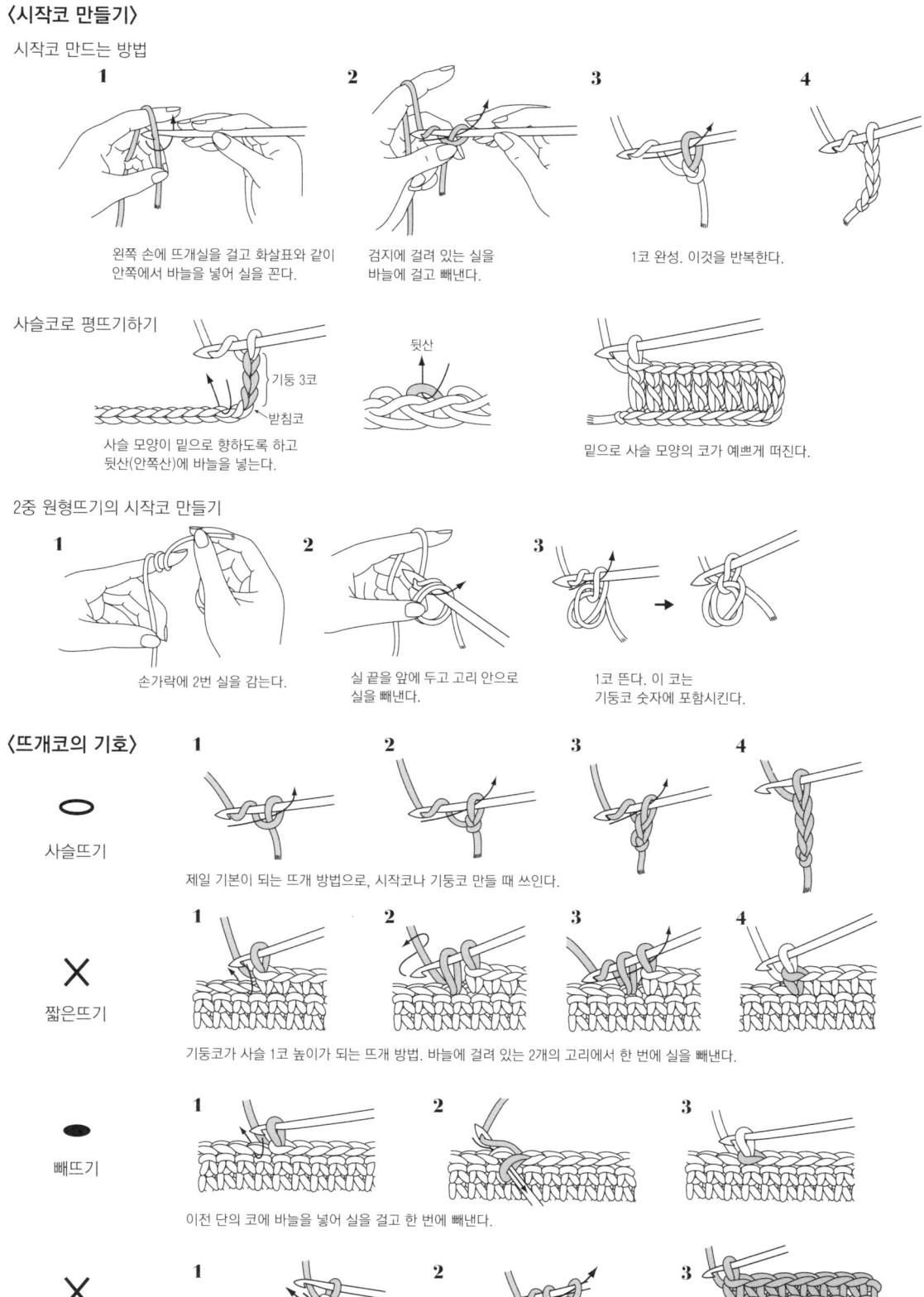

1 왼쪽 손에 뜨개실을 걸고 화살표와 같이 안쪽에서 바늘을 넣어 실을 꼰다.

2 검지에 걸려 있는 실을 바늘에 걸고 빼낸다.

1코 완성. 이것을 반복한다.

사슬코로 평뜨기하기

기둥 3코
받침코

사슬 모양이 밑으로 향하도록 하고 뒷산(안쪽산)에 바늘을 넣는다.

뒷산

밑으로 사슬 모양의 코가 예쁘게 떠진다.

2중 원형뜨기의 시작코 만들기

1 손가락에 2번 실을 감는다.

2 실 끝을 앞에 두고 고리 안으로 실을 빼낸다.

3 1코 뜬다. 이 코는 기둥코 숫자에 포함시킨다.

〈뜨개코의 기호〉

○ 사슬뜨기

제일 기본이 되는 뜨개 방법으로, 시작코나 기둥코 만들 때 쓰인다.

✕ 짧은뜨기

기둥코가 사슬 1코 높이가 되는 뜨개 방법. 바늘에 걸려 있는 2개의 고리에서 한 번에 실을 빼낸다.

● 빼뜨기

이전 단의 코에 바늘을 넣어 실을 걸고 한 번에 빼낸다.

✕ 짧은뜨기의 이랑뜨기

이전 단 코의 뒤에서 사슬 반코를 떠서 짧은뜨기를 한다. 남은 반코로 겉면에 줄무늬가 만들어진다. ※ 긴뜨기의 경우도 같은 방법으로 뜬다.

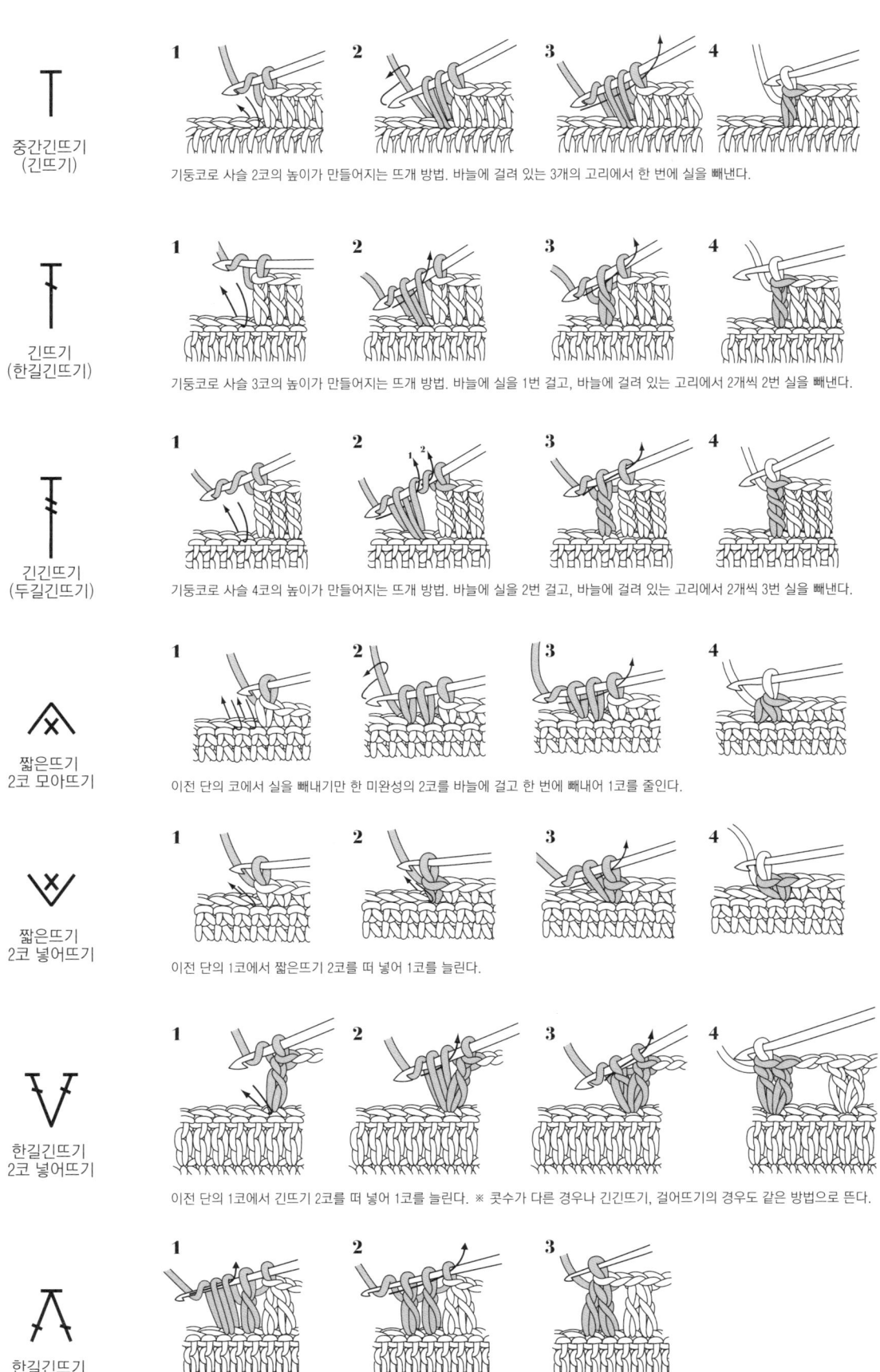

중간긴뜨기
(긴뜨기)

기둥코로 사슬 2코의 높이가 만들어지는 뜨개 방법. 바늘에 걸려 있는 3개의 고리에서 한 번에 실을 빼낸다.

긴뜨기
(한길긴뜨기)

기둥코로 사슬 3코의 높이가 만들어지는 뜨개 방법. 바늘에 실을 1번 걸고, 바늘에 걸려 있는 고리에서 2개씩 2번 실을 빼낸다.

긴긴뜨기
(두길긴뜨기)

기둥코로 사슬 4코의 높이가 만들어지는 뜨개 방법. 바늘에 실을 2번 걸고, 바늘에 걸려 있는 고리에서 2개씩 3번 실을 빼낸다.

짧은뜨기
2코 모아뜨기

이전 단의 코에서 실을 빼내기만 한 미완성의 2코를 바늘에 걸고 한 번에 빼내어 1코를 줄인다.

짧은뜨기
2코 넣어뜨기

이전 단의 1코에서 짧은뜨기 2코를 떠 넣어 1코를 늘린다.

한길긴뜨기
2코 넣어뜨기

이전 단의 1코에서 긴뜨기 2코를 떠 넣어 1코를 늘린다. ※ 콧수가 다른 경우나 긴긴뜨기, 걸어뜨기의 경우도 같은 방법으로 뜬다.

한길긴뜨기
2코 모아뜨기

미완성의 긴뜨기를 2코 뜨고, 한 번에 빼내어 1코를 줄인다. ※ 콧수가 다른 경우나 긴긴뜨기, 걸어뜨기의 경우도 같은 방법으로 뜬다.

1 **2** **3**

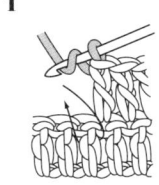 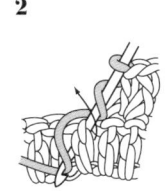 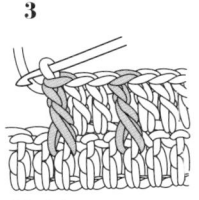

한길긴뜨기 앞걸어뜨기

왕복뜨기로 안쪽을 보면서 뜨는 경우는 기호가 반대(한길긴뜨기 뒤걸어뜨기)로 되는데 뜨는 방법은 한길긴뜨기 앞걸어뜨기와 같다.

이전 단의 기둥을 앞쪽에서 떠서 길게 실을 빼내어 긴뜨기와 같은 방법으로 뜬다.

1 **2** **3** **4**

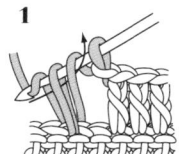 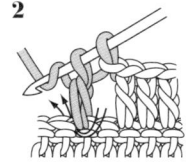 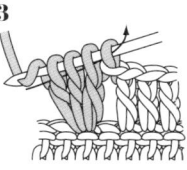 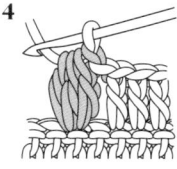

한길긴뜨기 3코 구슬뜨기

이전 단의 1코에 미완성인 긴뜨기 3코를 떠 넣고 한 번에 실을 빼낸다. ※콧수가 다른 경우나 긴긴뜨기의 경우도 같은 방법으로 뜬다.

한길긴뜨기 5코 팝콘뜨기

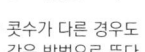

※콧수가 다른 경우도 같은 방법으로 뜬다.

1 **2** **3**

 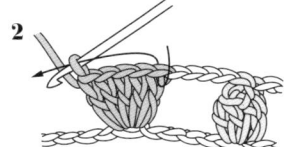 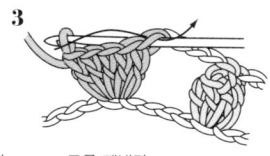

같은 코에 긴뜨기 5코를 떠 넣는다.   바늘을 빼내어 화살표와 같이 다시 넣는다.   코를 빼낸다.

4 **5** **6**

빼낸 코가 느슨해지지 않도록 사슬뜨기를 1코 뜬다.

4의 사슬뜨기가 코의 머리가 된다.

〈잇기·꿰매기 방법〉

사슬꿰매기

1 **2** **3** **4**

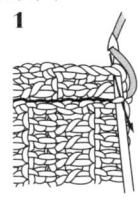 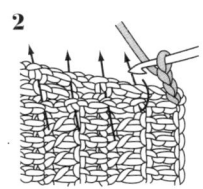 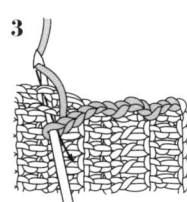 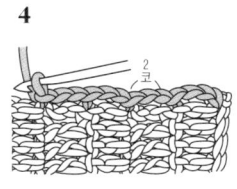

2장의 편물을 겉끼리 맞대고 바늘을 넣어 사슬뜨기 2코를 뜨고, 단 머리의 코를 가르며 바늘을 넣어 실을 빼낸다.
※사슬뜨기의 콧수가 다른 경우나 짧은뜨기로 연결하는 경우에도 같은 방법으로 뜬다.

사슬잇기

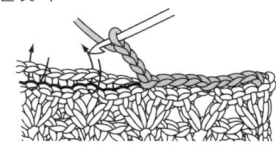

2장의 편물을 겉끼리 맞대고 첫 코에 바늘을 넣고 빼뜨기와 사슬뜨기를 반복한다.
※사슬뜨기의 콧수가 다른 경우나 짧은뜨기로 연결하는 경우에도 같은 방법으로 뜬다.

V 와 VV 의 구별

밑동이 연결되어 있는 경우

이전 단의 1코에 모든 코를 떠 넣는다.
이전 단이 사슬뜨기인 경우는
사슬코 1개와 뒷산을
같이 떠서 떠넣는다.

밑동이 연결되어 있지 않은 경우

이전 단이 사슬뜨기인 경우는
일반적으로 사슬뜨기 전부에 떠 넣는다.
(〈다발로 넣어뜨기〉라고 한다)

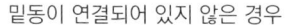

41쪽에 소개된 하마나카와 리치모어 제품을 구입하려면
동대문 종합시장 지하에 있는 미래사(02-2278-5599), 능성모사(02-2263-6928), 한경상사(070-8870-0682)로 문의하시기 바랍니다.
국내 실을 사용할 경우 41쪽에 표시된 실의 굵기와 품질을 참조해 주세요.